Wer schön sein will, muss leiden?

Wer schön sein will, muss leiden?

*Wege aus dem Schönheitswahn –
ein Ratgeber*

von
Tanja Legenbauer und Silja Vocks

 Hogrefe

Göttingen · Bern · Toronto · Seattle · Oxford · Prag

Dr. Tanja Legenbauer, geb. 1973. Seit 2002 Tätigkeit als Wissenschaftliche Assistentin am Lehrstuhl für Klinische Psychologie und Psychotherapie der Johannes Gutenberg-Universität Mainz sowie als Dozentin im Weiterbildungsstudiengang Psychotherapie.

Dr. Silja Vocks, geb. 1972. Seit 2001 Tätigkeit als Wissenschaftliche Mitarbeiterin bzw. Assistentin am Lehrstuhl für Klinische Psychologie und Psychotherapie der Ruhr-Universität Bochum sowie als Dozentin im Weiterbildenden Studiengang Psychotherapie.

Bibliografische Information Der Deutschen Bibliothek

Die Deutsche Bibliothek verzeichnet diese Publikation in der Deutschen Nationalbibliografie; detaillierte bibliografische Daten sind im Internet über http://dnb.ddb.de abrufbar.

© 2005 Hogrefe Verlag GmbH & Co. KG
Göttingen · Bern · Toronto · Seattle · Oxford · Prag
Rohnsweg 25, 37085 Göttingen

http://www.hogrefe.de
Aktuelle Informationen · Weitere Titel zum Thema · Ergänzende Materialien

Umschlagabbildung: © Rolf Schulten, Berlin
Satz: Grafik-Design Fischer, 99423 Weimar
Gesamtherstellung: Hubert & Co, 37079 Göttingen
Printed in Germany
Auf säurefreiem Papier gedruckt

ISBN 3-8017-1868-9

Inhaltsverzeichnis

Einleitung

Schlankheitswahn und Schönheit – Leitbegriffe unserer heutigen Kultur?

Wohin man sieht, dünne und vor allem perfekte Frauen, die von Plakatwänden lächeln. Es wird für Diäten geworben und vorgegaukelt, die normale Frau von heute könne spielend leicht die Freizeit genießen, sportlich fit, im Beruf erfolgreich und liebende Ehefrau und Mutter gleichzeitig sein. Nicht nur die Zahl der Frauen, die an Essstörungen leiden, ist in den letzten Jahren deutlich angestiegen, auch die Anzahl der Schönheitsoperationen steigt. Ließ man sich vor Jahren nur das Fett an Oberschenkeln absaugen, werden nun Bauchnabel und Nasen am Fließband nach Schönheitsnormen korrigiert, Falten weggespritzt und Lippen neben Brust und Po natürlich nachgeformt. Individualität ist nicht mehr gefragt. Schön ist, was der Norm entspricht, wer sich das nicht leisten kann, ist automatisch unglücklich und wird dazu animiert, mit allen nötigen Mitteln an sich zu arbeiten.

Doch welche Bedeutung hat das für die Frau von heute, die kein Luxusleben führt. Ist Schönheit für Sie unerreichbar? Und vor allem, was sind die Konsequenzen?

Nicht jede Frau eifert diesem Schönheitsideal nach. Und sie ist trotzdem glücklich und zufrieden, mit sich, ihrem Körper, ihrem Leben. Was also sind die Mechanismen und die Ursachen, die einige dazu treiben, sich dem allgemeinen Schlankheitswahn hinzugeben, zu steppen, zu shapen, zu zupfen und zu bürsten, bis alles glänzt, was glänzen soll und das eigene Ich und alle Individualität hinter der genormten Schönheit verschwindet?

Wie viel Leid und Qual aus dem Streben nach Schlankheit entstehen kann, bleibt den meisten verborgen. Häufig kommt es zu einer Abwärtsspirale, die mit einer allgemeinen Unzufriedenheit beginnt und mit einem negativen Körperbild endet. Ein negatives Körperbild bzw. dessen Entstehung ist oft mit einem gestörten Essverhalten, überhöhten Leistungsansprüchen und niedrigem Selbstwertgefühl verbunden. Oft wird die angestrebte Gewichtsabnahme, der straffere Oberschenkel oder die größere Brust als Lösungsversuch des eigenen Dilemmas betrachtet, ohne den Teufelskreis zu erkennen, in welchem man sich längst befindet. Die Entwicklung einer klinischen Essstörung wie Magersucht (Anorexie) oder Ess-Brechsucht (Bulimie) ist nicht selten.

Dieser Ratgeber möchte darauf aufmerksam machen, wie ein negatives Körperbild entsteht, welche Folgen es hat und wie man aus dem Teufelskreis herauskommt und sich und den eigenen Körper wieder lieben lernt und zu sich und seiner Individualität steht. Er richtet sich sowohl an Frauen, die an Magersucht oder Bulimie leiden, als auch an Frauen, die sich in ihrem Körper unwohl fühlen und sich und ihren Körper ablehnen, ohne dass eine Essstörung besteht.

In Kapitel 1 gehen wir allgemein auf die Merkmale einer Magersucht und Bulimie ein und liefern Ihnen in Kapitel 2 Informationen über Hintergründe der Entstehung und Aufrechterhaltung eines negativen Körperbildes. Wir schließen damit, dass die verschiedenen Aspekte in einem Erklärungsmodell integriert werden.

In Kapitel 3 stellen wir Ihnen die verschiedenen Einflussfaktoren auf das Körperbild noch einmal im Detail vor. Ziel dieses Kapitels ist es, dass Sie am Ende eine Idee davon haben, wie es bei Ihnen persönlich dazu kam, dass Sie eine negative Einstellung zu Ihrem Körper entwickelt haben.

Da das Körperbild von vielen verschiedenen Faktoren beeinflusst wird und somit ein sehr komplexes Gebilde darstellt, ist es auch schwer zu verändern. Ist es erst einmal negativ, erfordert es einiges an Arbeit. Daher sind in Kapitel 4 bis 7 verschiedene Übungen zur Verbesserung des Körperbildes beschrieben. Zu jeder Übung gehört ein Arbeitsblatt mit Fragen, das Ihnen bei der Durchführung und Interpretation der Übungen helfen soll.

Kapitel 4 beschäftigt sich mit Einstellungen und Gedanken, die Sie bezüglich Ihres Körpers haben und zeigt Wege auf, wie Sie daran arbeiten können, diese zu verändern. Daran schließt sich das Kapitel 5 an, welches verschiedene Methoden bei der Bearbeitung eines negativen Körperbildes auf der Wahrnehmungsebene schildert und Sie bei der Durchführung der Übungen unterstützen soll. Dazu gehört, sich mit seinem Körper auseinander zu setzen und ihn anzusehen. Dabei sollen sowohl negative als auch positive Aspekte des eigenen Körpers betrachtet werden. Diese Übungen sollen dazu dienen, sich von den Erwartungen der Umwelt frei zu machen und sich mit dem eigenen Körper und dem individuellen Aussehen anzufreunden. In Kapitel 6 werden dann verschiedene Möglichkeiten vorgestellt, dem Körper auf positive Art und Weise zu begegnen, wie durch Entspannungsübungen oder andere körperbezogene Aktivitäten und die Vermeidung solcher Aktivitäten abzubauen. In Kapitel 7 geht es abschließend darum, wie Sie Ihre Erfolge stabilisieren können und mögliche Schwierigkeiten im Vorfeld erkennen und damit umgehen können.

Es ist sinnvoll, die Kapitel nacheinander durchzuarbeiten, da die Informationen und Übungen zum Teil aufeinander aufbauen.

Sie können die Übungen durchaus alleine machen, aber wenn Sie Frauen mit ähnlichen Problemen kennen, können Sie sich vielleicht zusammentun. Die Übungen können teilweise schwierig oder anstrengend sein, so dass es hilfreich sein kann, wenn andere Ihnen zur Seite stehen und Sie sich gegenseitig ermutigen können.

Das Lesen alleine kann Sie schon ein Stück weiterbringen, doch wenn Sie grundlegende Veränderungen erreichen wollen, sollten Sie die Übungen auch tatsächlich durchführen. Das Buch ist sicher kein Garant dafür, dass Sie über Nacht ein positives Körperbild gewinnen. Ihre Einstellung zum Körper hat sich über lange Jahre entwickelt, geben Sie sich daher die Zeit, die Sie brauchen, um Ihre Einstellung zu verändern. Einige werden länger brauchen, andere weniger lang. Versuchen Sie, Ihr eigenes Tempo zu finden.

Sie haben ein Recht – und eine Verantwortung – Ihren eigenen Körper nach realistischen Standards zu beurteilen, und ein Recht darauf, sich in Ihrer eigenen Haut wohl zu fühlen (Freedman, 1988).

Mainz und Bochum, Sommer 2004   Tanja Legenbauer und Silja Vocks

1 Was sind Essstörungen?

Fallbeispiel Frau S.

„Ich habe so einen dicken Bauch. Auch wenn alle sagen, dass das nicht stimmt, aber ich finde ihn so dick und wenn ich ihn anfasse, fühlt er sich so aufgeblasen und fest an. Am liebsten würde ich gar nichts mehr essen, damit der Bauch sich immer schön flach anfühlt. Wenn mein Bauch flach ist, dann fühle ich mich viel selbstbewusster und wohler. Dann gehe ich gerne mit anderen aus und kann den Abend auch genießen. Das ist sehr selten der Fall, denn fast immer, wenn ich etwas esse, bläht sich der Bauch auf und ich fühle mich einfach nur furchtbar. Am liebsten verstecke ich mich dann in meiner Wohnung und mag keinen Menschen mehr sehen ..."

Am Beispiel von Frau S. ist zu sehen, dass das eigene Wohlbefinden mit vielen verschiedenen Aspekten zu tun hat. Zum einen führt die Ablehnung des eigenen Körpers dazu, dass sie nicht gerne ausgeht und sich von ihren Freunden zurückzieht. Sie beschreibt, dass ihr Selbstbewusstsein sehr eng an ihr Aussehen geknüpft ist und ihre Stimmung sehr stark von der wahrgenommenen Figur abhängt. Außerdem richtet sich ihr Essverhalten danach, wie sie sich fühlt. Ist der Bauch aufgebläht und dick, versucht sie, nichts zu essen oder treibt Sport, um ihren Körper „in Form" zu bringen. Figur und Gewicht haben einen zentralen Stellenwert in ihrem Leben. Nicht bei jeder Frau muss das Ausmaß an Körperunzufriedenheit so stark wie bei Frau S. ausgeprägt sein. Die Einschränkungen und auch Auswirkungen auf das Essverhalten sind so schwerwiegend, dass man bei Frau S. eine Essstörung vermuten könnte, wenn die übrigen Kriterien (siehe Seite 13 ff.) erfüllt sind.

Die Diskussion um Essstörungen hat in den letzten Jahren in den Medien zugenommen. Hauptsächlich geht es dabei um die Hauptmerkmale der beiden bekannten Erkrankungen Magersucht und Bulimie. Im Vordergrund steht dabei der gestörte Umgang mit Essen.

Bei der Magersucht steht das Auslassen von Mahlzeiten bzw. die vollständige Nahrungsverweigerung mit einer Gewichtsabnahme bis zu starkem Untergewicht im Vordergrund, bei der Bulimie hingegen leiden die Frauen an immer wieder auftretenden Essanfällen und damit einhergehendem Erbrechen, um nicht an Gewicht zuzunehmen. Neben diesen Hauptmerkmalen gibt es weitere Symptome, die in den Medien eher im Hintergrund stehen. Das negative Körperbild gehört zu den seltener erwähnten Aspekten bei Essstörungen.

Inwieweit hängt nun eine negative Einstellung zum eigenen Körper mit einer Essstörung zusammen? Zunächst einmal konnte in wissenschaftlichen Untersuchungen nachgewiesen werden, dass Frauen, die an einer Essstörung leiden, zumeist auch eine sehr negative Einstellung zum eigenen Körper haben. Oft beschrieben sich die Frauen als zu dick, obwohl ihr Gewicht unter dem medizinisch empfohlenen lag. Man fand, dass Frauen, die an einer Essstörung leiden und sich auf Video ansahen, sich weniger ausführlich und negativer beschrieben und kaum positive Eigenschaften des Körpers benennen konnten (Tuschen-Caffier, Vögele, Bracht & Hilbert, 2003) und auch ihre eigenen Körperdimensionen überschätzten (Vocks, Legenbauer, Troje, Hupe, Rüddel, Stadtfeld-Oertel, Rudolph & Schulte, 2004). Da bei vielen Frauen mit einer Essstörung das negative Körperbild zu finden war, wurde dieses Merkmal in die Richtlinien zur Erkennung und Diagnosestellung für Essstörungen aufgenommen. Nachfolgend werden die beiden Krankheitsbilder etwas ausführlicher beschrieben.

1.2 Was bedeutet es, an einer Magersucht zu leiden?

© BZgA

Frauen, die an einer Magersucht leiden, sind auffallend dünn. Der Kontakt zum Körper geht verloren, wichtig ist vor allem der Kopf, der kontrolliert und steuert. Der Körper ist wie ein Widersacher, der gierig und bedürftig ist und bekämpft werden muss. Das Gefühl, autonom und unabhängig zu sein, wird über die Kontrolle des Körpers erreicht. Betroffene kochen gern und viel für andere, essen selbst davon jedoch nichts oder täuschen das Essen vor. Im Verlauf der Erkrankung kapseln sich Betroffene immer stärker ab. Nichts ist ihnen gut genug. Diese überhöhten Ansprüche und Alles-oder-Nichts Denken schränken die Lebensqualität zusätzlich ein.

Die körperlichen Folgeerscheinungen sind Absinken des Stoffwechsels, des Pulses, des Blutdrucks und der Körpertemperatur, was zu Müdigkeit, Frieren und Verstopfung führen kann. Daneben zeigen trockene Haut und brüchige Haare hormonelle Veränderungen an, die sich auch im Ausbleiben der Menstruation und im Extremfall auch in einer Veränderung der Körperbehaarung äußern. Bei einer Krankheitsdauer von mehreren Jahren kommt es als Folge der hormonellen Veränderungen auch zu einer verringerten Knochendichte (Osteoporose).

Im Folgenden sind die Richtlinien zur Erkennung von Magersucht aufgezeigt. Falls Sie mehrere der Punkte mit ja beantworten oder sich in der obigen Beschreibung wiederfinden, würden wir Ihnen empfehlen, sich an eine Beratungsstelle oder einen Therapeuten zu wenden. Infos zur Beratung und Internetadressen finden Sie im Anhang des Buches (siehe Seite 132).

Richtlinien zur Erkennung einer Magersucht	ja	nein
1. Ihr Körpergewicht oder Ihre Figur haben einen sehr hohen Stellenwert für Ihr Selbstwertgefühl.	☐	☐
2. Sie haben starke Angst vor einer Gewichtszunahme oder davor, dick zu werden, obwohl Sie nur ein geringes Körpergewicht haben bzw. ein Untergewicht besteht.	☐	☐
3. Sie wiegen zu wenig, empfinden das aber nicht als schlimm, obwohl Außenstehende ständig die Rückmeldung geben, Sie seien zu dünn, oder	☐	☐
Sie wiegen weniger als vom Arzt oder anderen Außenstehenden aus gesundheitlichen Gründen für gut befunden wird oder	☐	☐
Sie weigern sich, das Minimum des für Ihre Körpergröße normalen Körpergewichts zu halten[1].	☐	☐
4. Sie haben stark an Gewicht verloren, indem Sie bestimmte Nahrungsmittel vermieden haben, wie z. B. Speisen mit hohem Fett- oder Zuckergehalt.	☐	☐
5. Sie setzen zusätzliche Maßnahmen der Gewichtskontrolle wie selbstinduziertes Erbrechen, exzessive körperliche Aktivität, Abführmittel- oder Appetitzüglermissbrauch ein.	☐	☐
6. Ihre Monatsblutung ist dreimal hintereinander ausgeblieben.	☐	☐

1.3 Was bedeutet es, an einer Bulimie zu leiden?

Bulimie gilt als die „heimliche Sucht", da Außenstehende oftmals nichts von der Essstörung bemerken, da die Betroffenen meist normalgewichtig sind. Das Essverhalten, welches zu Hause chaotisch und unkontrollierbar erscheint, ist in der Öffentlichkeit meist eher unauffällig. Nach außen hin funktioniert alles perfekt. Im Inneren der Betroffenen sieht es aber meist ganz anders aus: Die Betroffenen ekeln sich vor sich selbst, haben das Gefühl abnorm zu sein und schämen sich für das, was sie tun. Sie versuchen alles, um ihre Essanfälle durch nachfolgen-

© BZgA

1 Eine tabellarische Übersicht für das medizinische Normalgewicht in Abhängigkeit von der Körpergröße (= Body Mass Index (BMI) zwischen 20 und 25) befindet sich im Anhang auf Seite 134/135.

des Erbrechen, exzessiven Sport oder Abführmittelmissbrauch ungeschehen zu machen. Je stärker die Bulimie ausgeprägt ist, desto mehr isolieren sich die Betroffenen, um Zeit für Heißhungerattacken zu schaffen. Die Gedanken kreisen oft nur noch um das Thema „Essen". Depressive Verstimmungen und Kraftlosigkeit können eine Folgeerscheinung sein. Die Bulimie hat verschiedene körperliche Folgen, welche sich in der Schwellung der Speicheldrüsen, Zahnschmelzschäden, Speiseröhreneinrisse, Magenwandperforationen sowie Elektrolytentgleisungen, die zu Nierenschäden und Herzrhythmusstörungen führen können, zeigen. Die Monatsblutung wird unregelmäßig oder kann ganz ausbleiben. Hinzu kommen häufig finanzielle Schwierigkeiten, bedingt durch den großen Nahrungsmittelkonsum und Ausgaben für Abführmittel.

Im folgenden Kasten sind die Richtlinien zur Erkennung und Diagnosestellung für Bulimie aufgeführt. Auch hier gilt: falls Sie sich in den Richtlinien bzw. im oben beschriebenen Symptombild wieder erkennen, empfehlen wir Ihnen, eine Beratungsstelle oder einen Therapeuten aufzusuchen.

Richtlinien zur Erkennung einer Bulimie	ja	nein
1. Sie haben starke Angst vor einer Gewichtszunahme oder davor, dick zu werden, obwohl Sie nur ein geringes Körpergewicht haben bzw. ein Untergewicht besteht.	☐	☐
2. Ihr Körpergewicht oder Ihre Figur haben einen sehr hohen Stellenwert für Ihr Selbstwertgefühl.	☐	☐
3. Sie setzen zusätzliche Maßnahmen der Gewichtskontrolle wie selbstinduziertes Erbrechen, exzessive körperliche Aktivität, Abführmittel- oder Appetitzüglermissbrauch ein, um die Essanfälle ungeschehen zu machen.	☐	☐
4. Sie leiden an Essanfällen, die dadurch gekennzeichnet sind, dass Sie das Gefühl haben, die Kontrolle über das Essen zu verlieren und innerhalb dieser Zeitspanne mehr essen als die meisten anderen Menschen dies unter diesen oder ähnlichen Bedingungen tun würden.	☐	☐
5. Die Essanfälle treten durchschnittlich 2-mal pro Woche in den letzten drei Monaten auf.	☐	☐

Dieser Ratgeber zielt nicht nur auf Frauen, die an einer Essstörung leiden, trotzdem möchten wir kurz Bedingungen aufzeigen, die zur Entwicklung einer Essstörung führen können. Leider können wir dabei nicht auf alle Aspekte dieses komplexen Störungsbildes eingehen. Falls Sie an einer Essstörung leiden und ausführliche Informationen zu den einzelnen Störungsbildern suchen, möchten wir Sie auf die im Anhang auf Seite 129 vorhandenen Ratgeber und Selbsthilfebücher verweisen.

1.4 Welche Ursachen und Auslöser für Essstörungen gibt es?

Für beide Krankheitsbilder gibt es unterschiedliche allgemeine Erklärungsmodelle zur Entstehung der Störung. Wichtig ist jedoch, dass ein individuelles Erklärungsmodell erarbeitet wird.

Allgemein wird vermutet, dass folgende Faktoren eine Rolle bei der Entstehung von Essstörungen spielen:

• *Gesellschaftliche Faktoren*
Als wesentliche Risikofaktoren haben sich das gesellschaftliche Schlankheitsideal und eine veränderte Rollenerwartung an Frauen erwiesen. Einerseits können sich Frauen von der traditionellen Hausfrau- und Mutterrolle distanzieren und beruflichen Erfolg und Leistungsbereitschaft anstreben, andererseits werden ihnen aber nach wie vor die weiblichen Tugenden der Warmherzigkeit, des Sorgens für andere und vor allem des Schönseins zugesprochen und abverlangt.

• *Individuelle Risikofaktoren*
Individuelle Risikofaktoren können ein Mangel an Selbstwertgefühl oder Selbstunsicherheit sein, ein Mangel an Wahrnehmungsfähigkeit der eigenen Körpersignale wie Hunger oder Sättigung sowie Gewichtskontrolle und Diäten.

• *Familiäre Faktoren*
Die familiäre Situation ist bei Frauen mit Essstörungen häufig durch große Unsicherheit geprägt. Häufig finden sich Verlusterlebnisse wie die Trennung von einem Elternteil. Das hat zur Folge, dass die Betroffenen früh einem Mangel an Unterstützung ausgesetzt sind. Die Atmosphäre in der Familie ist zudem häufig durch Kontrolle und Konfliktvermeidung charakterisiert. Ein Kennzeichen dafür sind indirekte und gegenseitige Beschuldigungen oder abwertende Bemerkungen oder auch widersprüchliche Botschaften im Umgang miteinander. Vor allem Konfliktvermeidung

© BZgA

trägt dazu bei, dass die Betroffenen kaum Strategien zur Lösung von Problemen erlernen und ihre Gefühle zurückhalten. Vielmehr scheint das „Überleben" angesichts solcher Beziehungsmuster nur durch ein hohes Maß an Kontrolle der eigenen Gefühle möglich.

- *Lernerfahrungen*
Viele betroffene Frauen berichten über familiäre Schlankheits- und Gesundheitsideale, die darauf beruhen, der äußeren Erscheinung eine hohe Bedeutung einzuräumen. Häufig werden die Bedürfnisse des Einzelnen nicht respektiert. Dies kann sich ebenso auf die Wahrnehmung von Körpersignalen wie beispielsweise Hunger und Sättigung übertragen. Dadurch kann deren Wahrnehmung auch verlernt werden. Essen wird in diesen Familien häufig nicht bedürfnisorientiert eingesetzt, sondern als Mittel der Ablenkung, Belohnung und Entspannung und zur Aufrechterhaltung traditioneller Normen betrachtet.

- *Diäten*
Diäten gelten als Risikofaktor für Essstörungen. Wir wissen dies aus Studien, die speziell Veränderungen von Hunger und Sättigung durch Diät untersucht haben. Das Hunger- und Sättigungsgefühl wird gestört, da die Nahrungsaufnahme nur durch die willentliche Steuerung unabhängig vom natürlichen Hunger- und Sättigungsgefühl geschieht. Zum Beispiel isst man im Rahmen einer Diät abends nur einen Salat, obwohl der Körper mehr Kalorien bräuchte und Hunger signalisiert. Wird dies über längere Zeit gemacht, verlernt der Körper, die Hunger- und Sattheitssignale richtig zu interpretieren und es kann zu Kontrollverlust und Essanfällen kommen. Außer dem ernährungsbedingten Mangel kommt es auch zu einer Art „seelischen Hungers", da Dinge, die man sich entsagt, umso attraktiver werden (wie Schokolade etc.).

© BZgA

Wie anfangs beschrieben, ist die Unzufriedenheit mit dem eigenen Körper auf einem Kontinuum zu sehen, an dessen Ende die Entwicklung einer Essstörung stehen kann. Im vorangegangenen Abschnitt haben wir erklärt, welche Symptome mit einer Essstörung einhergehen und welche Rolle das negative Körperbild bei Essstörungen spielt.

Verschiedene Forscher haben versucht, herauszufinden, wann die Unzufriedenheit mit dem eigenen Körper zur Entwicklung einer Essstörung führt. Dazu befragten einige Autoren College-Studentinnen und konnten zeigen, dass diejenigen, die stärker unzufrieden mit ihrem Körper waren, auch später häufiger eine Essstörung entwickelt hatten (Stice et al., 2000). Das erklärten sich die Forscher so, dass gerade diejenigen, die unzufrieden mit ihrem Körper sind, auch häufiger versuchen, ihren Körper zu verändern. Es war auch tatsächlich so, dass diese Frauen deutlich häufiger Diäten machten, sich bestimmte Nahrungsmittel verboten oder viel Sport machten, um an Gewicht zu verlieren oder es zu halten. Diäten sind also ein Risikofaktor für Essstörungen und könnten dazu führen, dass ein Teufelskreis entsteht.

Ein Teufelskreis (vgl. Abbildung 1) wird einerseits durch bestimmte Bedingungen ausgelöst und andererseits durch bestimmte Bedingungen aufrechterhalten. Bei einer Person kann sich vor dem Hintergrund eines Konfliktes wie dem Vorhandensein eines niedrigen Selbstwertgefühls gepaart mit perfektionistischen, familiär geprägten Leistungsansprüchen und des in den Medien vorherrschenden Schlankheitsideals Unzufriedenheit mit dem eigenen Körper und restriktives Essverhalten entwickeln. Daraus entsteht folglich ein körperlicher Mangelzustand. Dieser kann zu Heißhungerattacken führen, die durch psychosoziale Belastungen wie Probleme in der Schule oder in der Familie ausgelöst werden können. Die Aufrechterhaltung kann durch die resultierende Ablenkung von den Problemen oder den Abbau von Stress erklärt werden.

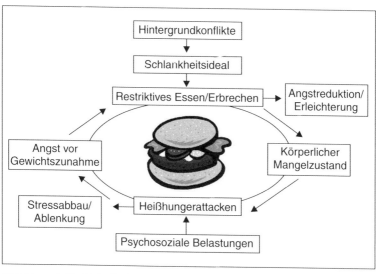

Abbildung 1: Teufelskreis der Bulimie (Tuschen-Caffier & Florin, 2002)

Die Heißhungerattacken erfüllen also eine Aufgabe, d. h. sie haben eine Funktion und dienen damit beispielsweise der emotionalen oder körperlichen Spannungsregulation. Das Überessen hat zur Folge, dass sich die Angst vor einer Gewichtszunahme einstellt. Diese wiederum führt dazu, dass restriktives Essverhalten und/oder Erbrechen angewandt wird. Dadurch stellt sich Erleichterung ein, die auf den Teufelskreis aufrechterhaltend wirkt. Auch Restriktion und Erbrechen können eine Funktion haben, nämlich die Reduktion von Angst. Der Teufelskreis der Essstörung hat, an diesem Punkt angelangt, seinen eigenen Motor entwickelt, welcher ihn fast automatisch in Gang hält. Unzufriedenheit mit dem eigenen Körper kann also zur Ausbildung einer Essstörung führen. Egal, an welcher Stelle in diesem Prozess Sie sich befinden, die Verbesserung Ihres Körperbildes kann ein erster oder zusätzlicher Schritt sein, um aus dem Teufelskreis der Essstörung oder der körperlichen Unzufriedenheit herauszukommen.

2 Die vier Komponenten eines negativen Körperbildes

2.1 Warum wird das Körperbild in vier Komponenten unterteilt?

Der Mensch ist ein komplexes Wesen, das Situationen oder Gegenstände nicht nur mit einem Sinn oder auf eine Art und Weise wahrnimmt. Wahrnehmung geschieht auf vielfältigem Wege. Zum Beispiel, wenn wir ein Brötchen in der Hand halten und überlegen, ob es frisch ist, dann kann uns unsere Nase sagen, dass es frisch riecht, unsere Augen, dass es glatt und knusprig aussieht, unser Tastsinn sagt uns, dass es weich ist, die Sensoren auf der Haut sagen uns, dass es noch heiß ist und all diese Informationen führen dann zu dem Wissen, dass es wahrscheinlich ein frisches Brötchen ist. Diese unterschiedlichen Aspekte fassen wir in dem Begriff *perzeptive oder Sinneskomponente* zusammen, also die Wahrnehmung über Sinne.

Wenn wir etwas wahrgenommen haben – wie das frische Brötchen – dann können wir darüber nachdenken, es bewerten, eine Aussage machen wie „Das ist ein frisches Brötchen" oder „Das riecht lecker". Diesen Vorgang der Bewertung und Einschätzung fassen wir als *kognitive oder gedankliche Komponente* zusammen. Aus der Wahrnehmung ist also ein Gedanke entstanden.

Zu einem Gedanken gehört meist auch ein Gefühl. Also: „Hm, das Brötchen riecht lecker" könnte mit dem Gefühl von Lust oder Hunger einhergehen, es könnte aber auch Angst, zu essen oder die Kontrolle zu verlieren, auslösen. Das Gefühl ist damit bei jedem Menschen verschieden. Für unsere Beispielsituation nehmen wir jetzt einfach an, dass das ausgelöste Gefühl „Lust zu essen" ist. Diesen Vorgang der Empfindung bezeichnen wir als *affektive oder Gefühlskomponente*.

Wir haben jetzt also die Sinneswahrnehmung, die Gedanken zur Wahrnehmung und das entsprechende Gefühl beschrieben. Als letzter Aspekt kommt noch die *Verhaltenskomponente* hinzu. Das heißt, wir haben ein Brötchen in der Hand, wissen, dass es frisch ist und haben Lust, es zu essen. Das dazugehörige Verhalten ist dann, in das Brötchen zu beißen und es zu essen.

Anhand dieses Beispiels ist zu erkennen, dass Situationen, Verhaltensweisen, Gedanken, Einstellungen und Gefühle nie isoliert auftreten, sondern dass es ein komplexes Zusammenspiel verschiedener Komponenten ist, das uns lenkt. Die Wechselwirkung zwischen der reinen Wahrnehmung, den Gedanken, den Gefühlen ist maßgeblich für das daraus resultierende Verhalten in einer Situation. Im letzten Schritt erhalten wir eine Rückmeldung darüber, ob das Verhalten adäquat war, und diese Rückmeldung fließt in die Bewertung und Wahrnehmung neuer Situationen wieder mit ein. Das heißt bezogen auf das Beispiel: Wir haben das Brötchen als frisch wahrgenommen, es als lecker befunden, Lust zu essen bekommen und hineingebissen. Unser Geschmackssinn sagt uns nun, dass das Brötchen tatsächlich so lecker wie erwartet ist, und diese Schlussfolgerung bestätigt uns in unserer vorangegangenen Wahrnehmung und führt dazu, dass wir in einer ähnlichen Situation ähnlich handeln werden, aus der Erfahrung heraus, die wir in dieser Situation gemacht haben.

In der Abbildung 2 sind diese Zusammenhänge grafisch dargestellt, damit Sie sich die Wechselwirkung besser vorstellen können.

Übertragen auf ein negatives Körperbild würden diese vier Komponenten folgendermaßen aufgeteilt:
– die Wahrnehmung des Körpers, die meist mit einer Überschätzung der eigenen Körperformen einhergeht,
– die Gedanken, die sich darauf beziehen, dass der Körper als fett oder hässlich bewertet wird,
– die Gefühle, die eng mit dem Körper in Zusammenhang stehen können, wie Ekel oder Scham,

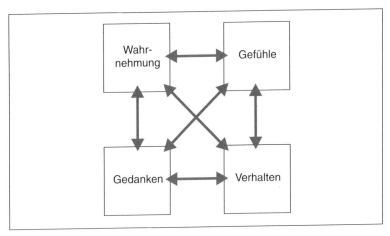

Abbildung 2: Komponenten des Körperbildes und ihre Wechselwirkung

– das Verhalten, das aus dem negativen Körperbild resultiert und beispielsweise zur Vermeidung verschiedener Situationen führt.

Komponenten	Was passiert?	Beispiel
Wahrnehmung	Überschätzung der eigenen Körperdimensionen.	*Wahrnehmung des eigenen Körpers als zu dick (insgesamt oder bezogen auf einzelne Körperteile).*
Gedanken	Negative Gedanken bezüglich des eigenen Körpers.	*„Ich bin schrecklich fett und hässlich."*
Gefühle	Negative Gefühle bezüglich des eigenen Körpers.	*Sich aufgebläht oder unwohl fühlen, sich schämen, sich vor dem eigenen Körper ekeln.*
Verhalten	Verhaltensweisen, die im Zusammenhang mit negativen Gedanken und Gefühlen und der gestörten Wahrnehmung des Körpers stehen.	*Nicht ins Schwimmbad gehen oder vermeiden, in den Spiegel zu schauen.*

2.2 Wie wir unseren Körper wahrnehmen

Wenn Sie in den Spiegel schauen, sehen Sie dort ein Abbild Ihres Körpers. Wie Sie sich im Spiegel sehen und Ihren Körper wahrnehmen wird als *Körperwahrnehmung* bezeichnet.

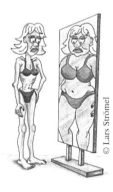

© Lars Strömel

Die Körperwahrnehmung betrifft die Art und Weise, wie die Signale, die über die Augen empfangen werden, in Ihrem Gehirn umgesetzt werden und das Bild, was dadurch von Ihrem Körper vor Ihrem inneren Auge entsteht. Sensoren wie der Lagesinn, Tastsinn, Bewegungsrezeptoren und viele andere Dinge beeinflussen dieses Bild zusätzlich. Dieses subjektive Bild muss nicht mit den objektiv messbaren Körpermaßen übereinstimmen, im Gegenteil kann es von verschiedenen Faktoren wie beispielsweise der Schwere einer Essstörung, der emotionalen Befindlichkeit usw. beeinflusst werden.

Stellen Sie sich vor, Sie laufen durch ein Spiegelkabinett. Dort gibt es ver-
schiedenste Zerrspiegel, Spiegel, die Sie dünner erscheinen lassen und Spiegel, die Sie in die Breite ziehen. Die Essstörung wirkt ähnlich dem „dicken" oder „dünnen" Zerrspiegel, sie ist wie ein Prisma, das irgendwo in
Ihrem Körper sitzt und die wahrgenommenen Informationen bzgl. Ihres
Körpers in die eine oder andere Richtung verzerrt. Die Körperwahrnehmung beschreibt also, wie Sie die anatomische Beschaffenheit Ihres Körpers einschätzen.

In vielen Studien konnte nachgewiesen werden, dass Frauen mit Magersucht
und Bulimie ihre Körperausmaße überschätzen, d.h. sich als viel dicker empfunden haben als sie tatsächlich sind.

2.3 Welche Rolle spielen Gedanken über den Körper hinsichtlich des Körperbildes?

„Ich denke, also bin ich". Dieser Satz beschreibt den menschlichen Hang zur
Bewertung seines Handelns oder Tuns. Das Denken zeichnet uns Menschen
aus. Die Fähigkeit, Situationen zu bewerten, einzuschätzen, vorausschauend
zu planen, Gefahren zu erkennen oder Strategien zu entwickeln, hilft uns,
unser Leben eigenverantwortlich zu gestalten, zu kommunizieren und soziale
Beziehungen zu entwickeln. Es begleitet uns ständig – alle Situationen sind
mit der persönlichen Bewertung eines Menschen verbunden. Das heißt auch,
die Wahrnehmung des Körpers hängt mit dessen Bewertung zusammen. Bewertungen können positiv, neutral oder negativ sein.

Wenn Sie also vor dem Spiegel stehen und ihren Körper wahrnehmen, gibt es
hunderte von möglichen Gedanken, die Ihnen durch den Kopf gehen können.
Vielleicht nehmen Sie sich im Ganzen wahr und denken „Wie groß ich doch
bin" oder Sie nehmen nur einen Teilbereich wahr – z.B. ihre Haare und der
Gedanke „Ich muss dringend zum Frisör" entsteht. Je nachdem, in welcher
Situation Sie sind und was in diesem Moment für Sie wichtig ist und auch,
welche Erfahrungen Sie mit dieser Situation vorher gemacht haben, ist dafür
entscheidend, welcher Gedanke Ihnen in diesem Moment durch den Kopf geht.

Probieren Sie es einmal aus: Sie stehen in diesem Moment vor dem Spiegel –
was denken Sie jetzt? Was geht Ihnen spontan durch den Kopf? Tragen Sie
Ihre Gedanken in das *Arbeitsblatt 1* ein.

Arbeitsblatt 1: „Was ich denke, wenn ich mich im Spiegel sehe"

Fallbeispiel Frau S.

„Wenn ich mir vorstelle, mich im Spiegel zu betrachten, denke ich zuerst, dass ich das gar nicht möchte. Ich will vor allem meine Oberschenkel nicht sehen, sie werden bestimmt furchtbar fett wirken, und in der engen Hose wird mein Bauch deutlich zu sehen sein. Ja, der erste Gedanke in diesem Moment ist – „ich will diesen fetten Körper nicht sehen".

Frau S. nennt viele negative Dinge, wenn Sie an ihren Körper denkt. Häufig vergleicht sie sich mit anderen Frauen: „Wer ist attraktiver, wer hat die bessere Figur". Frau S. ist sehr hart in ihrer Beurteilung sich selbst gegenüber. Diese Vergleiche führen dazu, dass Sie sich selbst immer weniger mag und ständig vermeintlich neue Makel an sich entdeckt. Sie ist neidisch auf andere. Diese negativen Gedanken hängen nur zum Teil mit der Wahrnehmung des Körpers zusammen, also dem „Verzerrglas". Gleichzeitig beeinflussen aber diese Gedanken auch das Gefühl, das Frau S. gegenüber ihrem Körper hat. Hier kommt also die Gefühlskomponente ins Spiel.

2.4 Wie wirken sich Gefühle auf das Körperbild aus?

Bevor der Einfluss der Gefühle auf den Körper detaillierter erläutert wird, möchten wir Sie bitten, folgende Übung einmal durchzuführen. Die Übung ist in zwei Abschnitte aufgeteilt, in Teil 1 und Teil 2. Suchen Sie sich einen ruhigen Platz und planen Sie ca. 5 Minuten für jeden Teil der Übung ein. Die genaue Anweisung steht im Kasten 1. Versuchen Sie, genau den Anweisungen zu folgen. In Teil 1 geht es zunächst darum, nur Gedanken, die Sie über Ihren Körper haben, zu erfassen und herauszufinden, welche Gefühle mit diesen Gedanken zusammenhängen.

Kasten 1: Instruktion zur Übung „Körpererleben" Teil 1

Bitte führen Sie die folgende Übung gemäß den Anweisungen durch. Tragen Sie während des ersten Durchgangs ein, welche Sätze Ihnen in den Kopf gekommen sind. Nutzen Sie dafür das Arbeitsblatt 2.

1. Setzen Sie sich bequem hin, schließen Sie die Augen und entspannen Sie sich.
2. Konzentrieren Sie sich ganz auf Ihren Körper. Wie fühlen Sie sich in diesem Augenblick in ihm? Welche Gedanken über ihn kommen Ihnen in den Sinn?
3. Schreiben Sie die Wörter und Sätze auf, die Ihre innere Stimme Ihnen sagt. Nutzen Sie dazu *Arbeitsblatt 2* und tragen Sie die Sätze in die Gedankenblasen ein.

4. Wenn Sie die Wörter und Sätze eingetragen haben, lassen Sie nun noch einmal jede einzelne Aussage auf sich wirken (lesen Sie sich die einzelnen Aussagen laut vor) und achten Sie darauf, wie Sie sich dabei in und mit Ihrem Körper fühlen. (Beispiel: „Ich bin fett und träge", „Ich bin angespannt" usw.)

Schauen Sie sich Ihre Notizen nun noch einmal genau an. Können Sie ein Muster im Zusammenhang zwischen den Gedanken und Gefühlen finden?

Wenn Sie den Gedanken „Ich bin schwer und träge." haben, ist dieser Gedanke mit einem negativen Gefühl verbunden. Das Gefühl dazu kann zum Beispiel Traurigkeit, Wut, Scham oder Ekel sein. Es ist wenig wahrscheinlich, dass Sie sich bei diesem Gedanken glücklich oder entspannt fühlen. Dies ist ein wichtiger Zusammenhang (siehe auch Abbildung 3):

Lassen Sie das Ergebnis der Übung einen Moment auf sich wirken und gönnen Sie sich eine kurze Pause, bevor Sie mit Teil 2 der Übung fortfahren. Diesmal geben wir Ihnen vor, dass Sie möglichst positive Gedanken mit Ihrem Körper verbinden sollen und wollen Sie dazu anleiten, zu beobachten, welche Effekte diese veränderte Vorgabe auf Ihren Körper und Ihr Körpergefühl hat (siehe Kasten 2). Da Frauen, die ein negatives Körperbild haben, häufig wenig positive Gedanken über den eigenen Körper haben, lautet die Anweisung der Übung diesmal nicht, sich auf den jetzigen Zustand zu konzentrieren, sondern sich einen Moment vorzustellen, in dem Sie sich in Ihrem Körper wohlfühlen. Das kann eine Szene sein, wie Sie im Meer schwimmen und sich dabei frei und leicht fühlen. Stellen Sie sich eine solche Szene aus Ihrem Leben oder eine ausgedachte Szene vor und konzentrieren Sie sich darauf, welche Gedanken Ihnen dabei durch den Kopf gehen.

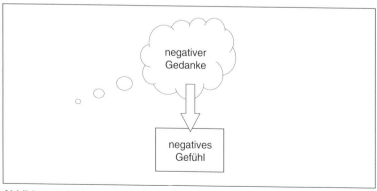

Abbildung 3: Wirkung von Gedanken auf Gefühle

Arbeitsblatt 2: Zusammenhang Gedanken und Gefühle

aus Legenbauer & Vocks (2005) © Hogrefe, Göttingen

Um diese Erfahrungen festzuhalten, tragen Sie bitte alles, was Sie erlebt und empfunden haben, auch für den zweiten Teil der Übung in das zugehörige Arbeitsblatt 2 ein.

Kasten 2: Instruktion zur Übung Körpererleben Teil 2

Bitte führen Sie die folgende Übung gemäß den Anweisungen durch.

1. Versuchen Sie nun noch einmal zu entspannen. Stellen Sie sich eine Szene vor, in der Sie sich in Ihrem Körper wohl gefühlt haben oder wohl fühlen würden. Besinnen Sie sich ganz darauf, wie Sie sich in diesem Moment in Ihrem Körper fühlen. Überlegen Sie nicht, wie Sie am liebsten aussehen würden, sondern konzentrieren Sie sich ganz darauf, wie Sie sich fühlen – z.B. „leicht und beschwingt".

2. Schreiben Sie die Sätze auf, die Ihnen in den Sinn kommen und lassen Sie wieder jede Aussage auf sich wirken, indem Sie sich jede einzelne Aussage vor Augen führen. Sie können dafür wieder das Arbeitsblatt 2 benutzen.

3. Wie haben Sie sich im zweiten Teil der Übung im Gegensatz zur ersten gefühlt? Gab es Unterschiede zwischen dem ersten und dem zweiten Teil?

Wenn Sie nun die Eindrücke und Gedanken des ersten Teils mit dem zweiten Teil vergleichen, müssten bei der positiven Vorstellungsübung des zweiten Teils auch positive Aussagen aufgetreten sein, z.B. „ich bin ganz frei und fühle mich beschwingt". Solch ein positiver Gedanke sollte nach unserer ersten Annahme auch mit einem positiven Gefühl einhergehen (siehe Abbildung 4).

Zum Beispiel könnte zu dem Gedanken „ich bin ganz frei und fühle mich grenzenlos" ein Gefühl der Ruhe oder des Glücks gehören.

Zusammenfassend ging es bei dieser Übung darum, den Zusammenhang zwischen Gedanken und Gefühlen zu verdeutlichen. Positive Gedanken können unser Gefühl positiv beeinflussen, genauso kann aber auch durch einen nega-

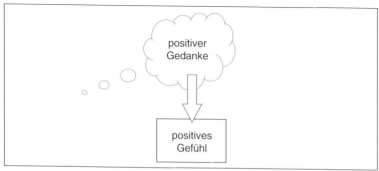

Abbildung 4: Wirkung positiver Gedanken auf Gefühle

tiven Gedanken wie „Mein Körper ist fett und träge" ein negatives Gefühl
ausgelöst werden. Es gibt verschiedene Dinge, die Gedanken beeinflussen
können und damit dazu führen, dass auch negative Gefühle auftreten. Es gibt
also eine Wechselwirkung zwischen Gedanken und Gefühlen. Genauso wie
ein Gedanke auf ein Gefühl wirkt, kann auch ein Gefühl zu einem Gedanken
führen. Wie so eine Wechselwirkung aussehen kann, ist im Fallbeispiel von
Frau S. beschrieben.

Verschiedene Studien konnten zeigen, dass zum Beispiel das Ansehen von
Zeitschriften, in denen schlanke Frauen abgebildet sind, zu schlechterer Stimmung führt. Eine andere Studie fand heraus, dass 70% aller Frauen sich depri-
miert und schuldig fühlten, nachdem sie drei Minuten in einem Schönheits-
magazin geblättert hatten (zitiert nach B. Jung; „An alle schönen Frauen",
2003). Warum ist das so? Die Frauen gaben an, sich mit den Models verglichen zu haben und ihren eigenen Körper als deutlich weniger attraktiv eingeschätzt zu haben. Dadurch wurden sie unzufrieden mit ihrem Körper und nah-
men etwaige Mängel stärker wahr als vorher. Die schlechte Stimmung hat
sich damit auch negativ auf das eigene Körperbild ausgewirkt (Kulbartz-Klatt,
Florin & Pook, 1999). Aber nicht immer müssen dem negativen Körpergefühl
Vergleichsprozesse zu Grunde liegen. Auch schlechte Stimmung, wie sie jeder manchmal hat, kann Unzufriedenheit mit dem Körper auslösen. In einer
Studie hat man dazu die Stimmung der Versuchsteilnehmer durch Musik beeinflusst. Durch das Hören der Musik wurden die Frauen gereizter oder traurig. Diese Traurigkeit oder Gereiztheit reichte bei Frauen mit einer Bulimie
aus, um mit dem eigenen Körper insgesamt unzufriedener zu sein. Dieser Ef-
fekt zeigte sich hingegen nicht bei Frauen ohne Essstörung (Carter, Bulik,
Lawson, Sullivan & Wilson, 1996).

Fallbeispiel Frau S.

Ich weiß auch nicht, manchmal stelle ich mich auf die Waage und denke,
dass ich bestimmt 5 kg an Gewicht zugenommen habe, so aufgedunsen
fühle ich mich, aber die Waage zeigt genau das gleiche Gewicht an wie
gestern auch. Ich verstehe mich da selbst nicht, warum fühle ich mich dann
so schrecklich fett, wenn mein Gewicht sich nicht verändert hat?

Vielleicht kennen Sie auch Tage, an denen Sie sich unwohl fühlen und denken, Sie hätten bestimmt zwei Kilogramm zugenommen, aber auf der Waage
genau das gleiche Gewicht zu sehen ist, wie an anderen Tagen vorher auch.
Genau das beschreiben die oben angeführten wissenschaftlichen Studien.
Wenn wir die Gefühlskomponente in unser Spiegelkabinettbeispiel einbauen
(siehe Seite 22), entsteht folgendes Modell:

Zum „Prisma" in der Verarbeitung der Reize von außen kommt also noch eine „schwarze Gefühlsbrille" hinzu. Diese „schwarze Brille" bewirkt, dass Sie sich in Ihrem Körper trotz gleicher körperlicher Voraussetzungen schlechter fühlen. Dieses individuelle innere Bild, was sich aus den drei Komponenten Gefühle und Gedanken (Erfahrungen) und Sinneswahrnehmung zusammensetzt, ist das subjektive „*Körperbild*", das Sie von sich haben.

Gefühltes Körperbild einer magersüchtigen Patientin

2.5 Verhaltensweisen, die mit einem negativen Körperbild in Zusammenhang stehen

Erinnern Sie sich an das Beispiel von Frau S. zu Beginn des Kapitels? Frau S. beschrieb, dass Sie sich häufig unwohl in ihrem Körper fühlt und sich deshalb auch ungern in Gesellschaft begibt. Viele Frauen mit einem negativen Körperbild haben ein niedriges Selbstwertgefühl, was zur Folge hat, dass sie mit sich sehr kritisch umgehen und sich ungern vor anderen zeigen. Hier ein Beispiel:

Fallbeispiel Frau S.

Am schlimmsten finde ich es, wenn ich mich vor meinem Partner nackt ausziehen soll. Ich fühle mich so unwohl dabei und denke immerzu daran, dass er meinen dicken Bauch sehen könnte und mich dann abstoßend findet. Am liebsten ziehe ich mich daher im Bad um, wo er mich nicht sehen kann. Ich fühle mich furchtbar verletzlich, wenn ich nackt bin. Er hat mich schon ein paar Mal darauf angesprochen, aber ich kann ihm einfach nicht erklären, wo das Problem liegt. Er findet mich schön, sagt er, aber ich kann das nicht glauben. Daher verstecke ich mich und meinen Körper vor ihm. Ich finde das schrecklich, weil ich ihm vertrauen sollte, aber ich schäme mich so für mein Aussehen, dass ich diese Intimität nicht zulassen kann.

Frau S. beschreibt, wie sehr die negative Einstellung zu ihrem Körper sie einschränkt und wie ihre Partnerschaft dadurch belastet wird. Die Angst vor Verletzung, das Schamgefühl und die empfundene Minderwertigkeit führen dazu, dass sich ständig darum gesorgt wird, wie man aussieht, auf andere wirkt und was andere über einen denken. Dadurch wird man in seinem Leben eingeschränkt, eigene Bedürfnisse und Gefühle werden unterdrückt oder gar nicht wahrgenommen. Dies wirkt sich auf das Verhalten aus. Das Körperbild hat so einen Einfluss auf viele verschiedene Situationen im Alltag:

Gemeinsame Mahlzeiten, sportliche Aktivitäten wie Schwimmbäder oder Fitness-Studios, Wahl der Kleidung, Umgang mit Freunden usw. – all diese Dinge werden durch ein negatives Körperbild beeinflusst. Häufig wird Erfolg oder Misserfolg in den jeweiligen Situationen von Aussehen und Körper abhängig gemacht. Das führt dazu, dass das negative Körperbild aufrechterhalten wird. Hier findet man den Zirkelschluss zu dem anfangs beschriebenen Wechselwirkungsmodell und die Erklärung, warum sich das Körperbild nicht ganz so einfach verändern lässt. Zum Beispiel kann der Gedanke, dass man fett und hässlich ist, dazu führen, nicht mehr mit den Freundinnen im Sommer gemeinsam ins Schwimmbad zu gehen. Die Freunde fragen nach einiger Zeit, nicht mehr nach. Daraus schließt man, dass die Freundinnen nicht mit einem ins Schwimmbad gehen wollen, weil sie nicht mit einem gesehen werden wollen. So wird die eigene negative Annahme bestätigt und führt dazu, dass sich das Vermeidungsverhalten weiter verstärkt und es so zu einem Teufelskreis aus Vermeidung und negativen Gefühlen kommt. Damit wird es immer schwieriger, das negative Selbstbild zu verändern.

2.6 Störungen des Körperbildes

Das *Körperbild* beschreibt also das innere vorgestellte Bild Ihres Körpers, die Gefühle und Einstellungen, die Sie zu ihm haben, und Ihre Verhaltensweisen. Dabei muss das Körperbild nicht identisch mit der anatomischen Beschaffenheit Ihres Körpers sein.

Wenn Sie nun häufig unzufrieden mit Ihrem Körper oder besorgt darüber sind, wie Sie aussehen, sich oft damit beschäftigen, wie Sie auf andere wirken und Sie diese Gedanken einen Großteil des Tages in Anspruch nehmen, dann könnte das ein Indiz dafür sein, dass etwas mit Ihrer „Körperwahrnehmung" bzw. Ihrem „Körperbild" nicht stimmt.

2.7 Kriterien für eine Störung des Körperbildes

Im Folgenden sind daher die Richtlinien zur Überprüfung, ob eine „*Körperbildstörung*" vorliegt, aufgeführt. Sie können die Kriterien durchgehen und für sich überprüfen, inwieweit diese auf Sie zutreffen. Das kann Ihnen Aufschluss darüber geben, welche Komponenten Ihres Körperbildes möglicherweise gestört sind. Die Kriterien beziehen sich auf die gefühlte bzw. gedankliche Komponente, die Wahrnehmungskomponente und die Verhaltenskomponente. In Abhängigkeit davon, welche(s) der Kriterien auf Sie zutrifft, haben Sie die Möglichkeit, die in diesem Buch beschriebenen Übungen intensiver durchzuführen oder Kapitel mit Inhalten, die nicht auf Sie zutreffen, nur zu lesen. Insgesamt ist es aber empfehlenswert, wenn Sie alle Kapitel der Reihe nach durcharbeiten, auch wenn Sie das Gefühl haben, dass nicht immer alles auf Sie zutrifft. Die Kriterien können Ihnen helfen, die Art und Weise Ihrer Körperbildstörung besser einzuschätzen und herauszufinden, welche Teile des Ratgebers für Sie besonders wichtig sind.

Kriterium	trifft zu	trifft nicht zu
1. Überschätzung der objektiv anatomischen Körpermaße.	☐	☐
2. Übertrieben negative Gedanken über die körperliche Erscheinung in Form von Unzufriedenheit (z.B. „Ich bin zu fett."), Besorgnis oder Leid (z.B. „Ich muss dünn sein, um attraktiv zu sein.").	☐	☐
3. Tägliches Leid oder andauernde Angst, die mit bestimmten Aspekten der eigenen körperlichen Erscheinung zu tun haben, was sich bei sozialem Kontakt noch verschärft.	☐	☐
4. Vermeidung von Situationen, in denen die körperliche Erscheinung von anderen bewertet werden könnte (z.B. Einladungen ablehnen, weite Kleidung tragen, Vermeidung von körperlicher Intimität, etc.).	☐	☐

2.8 Modell zur Entstehung und Aufrechterhaltung eines negativen Körperbildes

Sie haben jetzt im Einzelnen die vier Komponenten des Körperbildes und deren Wechselwirkung kennen gelernt. Nun wollen wir dazu übergehen, Ihnen ein integratives Modell (vgl. Abbildung 5) vorzustellen, das sowohl das aktuelle Köperbild, wie es durch die eben vorgestellten Komponenten dargestellt wurde, als auch die grundlegenden Bedingungen seiner Entstehung und Aufrechterhaltung erklärt (Vocks & Legenbauer, 2005). Das Modell wird im nachfolgenden Text erläutert, und im dritten Kapitel wird auf die einzelnen Komponenten, die auf die Entwicklung des Körperbildes einwirken, eingegangen.

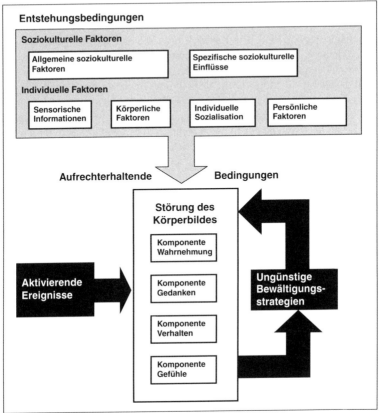

Abbildung 5: Multifaktorielles Modell zur Entstehung und Aufrechterhaltung einer Störung des Körperbildes (aus Vocks & Legenbauer (2005) © Hogrefe, Göttingen)

Das Modell mag Ihnen erstmal sehr kompliziert erscheinen, schauen Sie es sich daher noch einmal in Ruhe an.

Prädisponierende Faktoren (Entstehungsbedingungen)

„Prädisponierend" bedeutet „empfänglich machen". Prädisponierende Faktoren sind Bedingungen, die dazu führen können, dass eine bestimmte Entwicklung stattfinden kann. Prädisponierende Faktoren können genetisch festgelegte Bedingungen sein oder durch Einflüsse der Umwelt entstandene. In unserem Modell unterscheiden wir zwischen *soziokulturellen Faktoren* und *individuellen Faktoren,* die grundlegende Bedingungen für die Entwicklung des individuellen Körperbildes sind.

Zu den *kulturellen Faktoren* gehören:
* *Allgemeine soziokulturelle Faktoren,* welche mit den kulturellen und sozialen Normen vermittelt werden, beispielsweise durch die Familie, Medien oder Freunde. In einer Studie auf den Fiji-Inseln konnte drei Jahre nach der Einführung des Fernsehens gezeigt werden, dass sich bei Mädchen und jungen Frauen Unzufriedenheit mit dem eigenen Körper, Diätversuche und gestörte Essmuster deutlich erhöht hatten (Bosch, 2000). Körperbild und Essverhalten werden also vom Schlankheitsideal beeinflusst, welches durch die Medien transportiert wird. Menschen, die bereits eine Essstörung entwickelt haben, neigen zudem stärker dazu, sich durch die Darstellung in den Medien beeinflussen zu lassen als gesunde Personen.
* *Spezifische soziokulturelle Einflüsse,* d.h. Ideen und Vorstellungen, die wir über unsere Figur und unser Gewicht innerhalb bestimmter Bezugsgruppen entwickelt haben. Zum Beispiel gibt es Gruppen, die Gewicht und Figur einen hohen Wert beimessen, wie Balletttänzerinnen und Models.

Zu den *individuellen Faktoren* gehören:
* *Sensorische Information,* meint Informationen die über den Sehsinn (visuell), den Tastsinn (taktil), Lage- und Bewegungssinn (kinästhetisch) erfasst werden. Das können Informationen über Form, Größe, Aussehen oder Gewichtszunahme und -abnahme im Lebenslauf sein. Diese Informationen verändern sich im Zeitverlauf.
* *Persönlichkeitsfaktoren* beziehen sich auf persönliche Einstellungen und Eigenschaften, die das Körperbild beeinflussen können – zum Beispiel ist jemand, der insgesamt unsicherer und ängstlicher ist, auch eher dazu geneigt, negativen Aussagen über sich zu glauben. Dies wiederum beeinflusst die Einstellung zum Körper in einer vorgegebenen Richtung.
* *Körperliche Faktoren* können zum Beispiel das Körpergewicht, Veranlagung in der Familie und ähnliches sein. So hat jemand, der ein höheres Körpergewicht hat, ein anderes Körperbild als jemand, der eher weniger wiegt. Starke Gewichtsschwankungen in der Vergangenheit können ebenfalls zu einer Unsicherheit bezüglich der eigenen Körpermaße führen.
* *Individuelle Sozialisation/Erfahrungen:* Dazu zählen Einflüsse von Freunden und Familie. Zum Beispiel können kritische Bemerkungen über Figur, Gewicht oder Essverhalten von anderen Menschen hier einen Einfluss haben.

Das *Körperbild* setzt sich, wie bereits beschrieben, aus vier verschiedenen Komponenten zusammen: der *Wahrnehmungskomponente*, welche die Wahrnehmung des Körpers über die verschiedenen Sinne beinhaltet, der *Gefühlskomponente*, die sich darauf bezieht, wie man seinen Körper spürt und empfindet, der *Gedankenkomponente*, welche die Gedanken über den Körper und die Einstellung beinhaltet, die man zu ihm entwickelt hat und der *Verhaltenskomponente*, die die Verhaltensweisen erfasst, die mit dem Körperbild zusammenhängen und davon beeinflusst werden, wie z. B. die Vermeidung von Schwimmbädern oder sich in weiten Kleidern zu verstecken.

Aufrechterhaltende Faktoren

Anders als die prädisponierenden Faktoren kommen die *aufrechterhaltenden Faktoren* erst ins Spiel, wenn die Körperbildstörung bereits besteht. Gemeint sind dabei Bedingungen, die dazu führen, dass die negative Einstellung und die verzerrte Wahrnehmung immer wieder bestätigt werden. Diese wirken mit auf die Störung des Körperbildes und sorgen dafür, dass diese langfristig bestehen bleibt.

Aufrechterhaltende Faktoren können *aktivierende Ereignisse* sein wie zum Beispiel ein negativer Kommentar von einer Freundin, „du hast aber ganz schön zugenommen", oder auch *körperbildkonforme Informationsverarbeitung*. Diese körperbildkonforme Informationsverarbeitung könnte zum Beispiel sein, dass Sie im Schwimmbad sehen, wie jemand vermeintlich auf Ihren Bauch starrt. Diese Wahrnehmung, hat zur Folge, dass Sie denken: „Klar, mein Bauch ist zu dick und sieht bestimmt abstoßend aus". Das ist etwas, was Sie schon immer vermutet haben – durch die subjektive Wahrnehmung und die daraus folgende Interpretation hat sich ihr negatives Körperbild bestätigt. Auch bestimmte Verhaltensweisen, die dazu dienen, das negative Körperbild zu bewältigen *(Bewältigungsstrategien)* können dazu führen, dass genau das negative Bild verstärkt wird. Zum Beispiel, wenn Sie nur weite Kleidung anziehen, weil Sie denken, Sie seien zu dick und müssten sich verhüllen, um das zu verbergen. Dadurch können Sie nie erleben, dass körperbetonte Kleidung auch gut aussehen würde. Auch damit erhalten Sie das negative Körperbild aufrecht.

3 Spieglein, Spieglein an der Wand – wer ist die Schönste hier im Land?

Eine Fee gewährt einer Frau einen Wunsch. „Dünne Oberschenkel" antwortet die Frau. Die Fee ist empört: „Sieh dir an, in welchem Zustand die Welt ist – und du willst für dich dünne Oberschenkel!" Die Frau kleinlaut: „Du hast recht, bitte dünne Oberschenkel für alle!" (Zitat E. Drolshagen, Des Körpers neue Kleider – die Herstellung weiblicher Schönheit, Fischer Verlag, Frankfurt, 1995)

Wie in dem Modell im letzten Kapitel beschrieben, haben die kulturellen Normen und Werte einen Einfluss auf die Entwicklung des individuellen Körperbildes. Wie sieht das heutige Schönheitsideal nun aus und auf welchem Weg werden wir von ihm beeinflusst?

Hier einiges Wissenswertes aus dem Brief „An alle schönen Frauen" (B. Jung, 2003):

An alle schönen Frauen …
– Wusstest du, dass wenn Schaufensterpuppen richtige Frauen wären, Sie zu schmal wären, um Kinder zu kriegen?
– Es gibt drei Milliarden Frauen, die nicht wie Supermodels aussehen und nur acht, die wie eins aussehen.
– Wenn Barbie eine richtige Frau wäre, müsste sie auf allen vieren kriechen, mit ihren Proportionen ist es unmöglich, aufrecht zu gehen.
– Die Durchschnittsfrau wiegt ungefähr 66 Kilo.
– Die Models in Zeitungen sind retuschiert, also auch selber nicht perfekt.
– Vor 20 Jahren wogen die Models 8% weniger als die Durchschnittsfrau. Heute wiegen sie 23% weniger.

In den letzten Jahren und Jahrzehnten hat sich das Schönheitsideal immer weiter verändert. Die Medien, Zeitschriften und auch Spielzeuge (z.B. Barbie) sind ein Abbild der Normen, Werte und Ideale unserer Gesellschaft. In Abbildung 6 ist eine Collage zusammengestellt. Was fällt Ihnen beim Betrachten der Frauen auf? Notieren Sie Ihre Beobachtungen. Bitte nutzen Sie dafür den Kasten 3. Beantworten Sie die dort stehenden Fragen gemäß Ihren Beobachtungen. Was löst die Betrachtung der Bilder bei Ihnen aus? Was haben Sie über sich selbst erfahren bei der Betrachtung der Bilder?

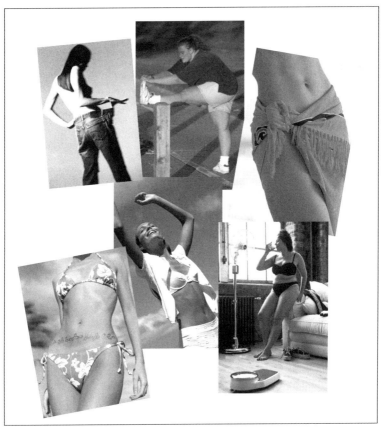

Abbildung 6: Collage (© Getty Images, © Corbis)

Kasten 3: Bitte beantworten Sie folgende Fragen zu der Collage

1. Wie werden die Frauen in dieser Collage dargestellt?
2. Wie sieht die „ideale Frau" aus?
3. Kann dieses Ideal von jedem erreicht werden?
4. Was glauben Sie, wie viele Frauen in Deutschland dieses Ideal erfüllen können (in Prozent)?
5. Was fühlen Sie, wenn Sie diese Collage betrachten?
6. Orientieren Sie sich (unbewusst) an diesem ausgerufenen Idealbild?
7. Wie denken Sie und andere wohl über Frauen, die dieses Ideal nicht verkörpern?
8. Welche Konsequenzen entstehen aus diesem idealtypischen Frauenbild?
9. Welche Erfahrungen haben Sie bezüglich des Frauenideals gemacht?

10. Was glauben Sie, warum viele Frauen versuchen, diesem Frauentyp zu entsprechen?
11. Können Sie sich vorstellen, wie die dargestellten Models wohl in Wirklichkeit aussehen – ohne Computermanipulation?

Wie Sie anhand der Collage gesehen haben, wird in fast allen Zeitschriften der schlanke, sportlich durchtrainierte Körper dargestellt. Frauen werden auf ihre Problemzonen aufmerksam gemacht und Tipps zum Kaschieren und Verstecken gleich mitgeliefert.

Dass es nicht immer so war, sondern in den letzten Jahren eine Veränderung in Richtung Schlankheit stattgefunden hat, zeigen verschiedene Studien, welche den Wandel des Schönheitsideals in den Medien verfolgt haben. So konnte zum Beispiel gezeigt werden, dass die Frauen in der Zeitschrift „Playboy" seit 1965 immer weiter an Gewicht verloren haben. Im selben Zeitraum ist aber das Gewicht der Frauen in der Bevölkerung immer weiter gestiegen. Der Verlauf ist in Abbildung 7 dargestellt. Auf der waagerechten Achse sind die

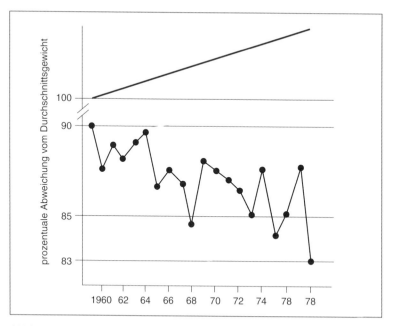

Abbildung 7: Relativer Gewichtsverlauf der Models im Männermagazin „Playboy" und der weiblichen amerikanischen Bevölkerung zwischen 1960 bis 1980 (Garner et al., 1980)

Jahreszahlen abgetragen, auf der senkrechten Achse die prozentuale Abweichung vom Durchschnittgewicht der Frauen in dieser Zeit. Die obere Linie stellt den Verlauf des Gewichts bei Frauen der amerikanischen Normalbevölkerung dar, die gezackte Linie die Gewichtsreduktion bei den Models aus dem Playboymagazin. Anhand des Verlaufs der Linien kann man erkennen, dass der Unterschied zwischen Ideal und tatsächlichem Aussehen der Frauen immer größer geworden ist.

Die Untersuchung wurde vor 20 Jahren gemacht, in der Zwischenzeit ist die sichtbar gewordene Schere noch weiter auseinandergeklafft: Models in den Zeitschriften haben heutzutage meist ein Körpergewicht, das in den Bereich der Magersucht fällt. Unmöglich, dass dieses ohne Manipulationen wie Diäten oder extremem Sport erreicht und aufrechterhalten wird. Doch genau das wird vorgegaukelt. Der Eindruck entsteht, dass jeder, der sich nur genug anstrengt, dieses Ideal auch erreichen kann. Scheinbar glauben viele Menschen, dass der Körper unendlich formbar ist.

Auf dem Weg zu diesem Ziel wird alles Mögliche getan. Die Ausgaben für Diät- und Lightprodukte, Gewichtsreduktionsprogramme, Bücher, etc. haben sich seit den 80er Jahren verdoppelt. Medikamente zur Gewichtsreduktion oder auch plastische Schönheitschirurgie gewinnen an Zuwachs. Ob die Nase gerichtet wird oder neuerdings der Bauchnabel eine bestimmte Form haben muss, kaum etwas bleibt der Natur überlassen. Das neue Motto lautet, „Wer schön sein will, muss leiden".

Der ideale Körper ist damit nur noch durch die richtigen Essenspläne kombiniert mit dem richtigen Fitnessprogramm und manchmal auch ärztlicher Nachhilfe erreichbar. In unserer Gesellschaft wird meist angenommen, dass jeder, der das Ziel Schönheit erreicht, auch großzügig belohnt wird:

Wenn man/frau nur schöner und vor allem schlanker ist, dann muss das Leben einfach besser sein – mehr Erfolg, mehr Glück, mehr Erfüllung, mehr Anerkennung vom anderen Geschlecht.

Die in den Medien dargestellten Menschen definieren die Norm. Dass hier Kameralicht, Make-up und professionelle Frisöre, Computertechniker usw. am Werk waren, wird nicht weiter erwähnt, genauso wenig wie die Tatsache, dass Fotos im Nachhinein am Computer mit Bildbearbeitungsprogrammen weiter perfektioniert werden: Hautunreinheiten wer-

© BZgA

den wegretuschiert, Beine verlängert, der Bauch verflacht. Frauenzeitschriften propagieren ein Schönheitsideal, das für 90% der Frauen unerreichbar ist. Wie diese Frauen heutzutage aussehen sollen, legen die berühmten (und schönen) Frauen unserer Gesellschaft fest. Als junge Frau sollte man aussehen wie Claudia Schiffer, ist man etwas älter, sucht man sich Iris Berben oder Catherine Deneuve als Vorbild, welchem man in mühevoller Arbeit nacheifert. Und obwohl der Kampf meist aussichtslos ist, trägt das Klischee des bevorzugten Schönen in der Gesellschaft dazu bei, dem „Phantom Schönheit" weiter nachzujagen.

All das beschert Zeitschriften, Schönheitschirurgen, Kosmetik-Herstellern, Kurhotels und Ratgeber-Büchern einen unerschöpflichen Markt. Frauen sind „unfertige Wesen". Sie sind nie „perfekt" so wie sie sind, sie müssen immer etwas verändern und sich verbessern.

Aber wie sieht denn nun das Klischee des bevorzugten schönen Menschen aus?

In einer Studie wurde untersucht, welche Eigenschaften attraktiven Menschen im Vergleich zu weniger attraktiven Menschen zugesprochen werden. Unabhängig von der Tatsache, ob sie diese Eigenschaften hatten oder nicht, wurden die attraktiven Personen tatsächlich als beliebter, intelligenter und sozial begabter eingestuft als die weniger attraktiven.

Ist das der Grund, weshalb jeder gerne schön und attraktiv sein möchte, um beliebter zu sein, kompetenter und intelligenter zu wirken und erfolgreicher zu sein?

In einer weiteren Studie wurde überprüft, welche Eigenschaften dünnen bzw. dicken Menschen zugesprochen werden und inwieweit die wahrgenommene Attraktivität davon beeinflusst wird. Die Autoren (Pudel & Westenhöfer, 1998) befragten dazu eine große Menge an Personen in Deutschland und ließen u. a. einschätzen, wie verträglich, lebensfroh, beliebt und attraktiv die verschiedenen Gewichtstypen (1 sehr dünn bis 5 sehr dick) sind (vgl. Abbildung 8). Zusätzlich verglichen sie die Ergebnisse mit den Zahlen aus früheren Befragungen. Es zeigte sich, dass in der Befragung von 1989 Menschen mit einer Figur im mittleren Bereich deutlich mehr Verträglichkeit, Lebensfreude und auch Attraktivität zugesprochen wurde als den Menschen mit einer sehr dünnen bzw. sehr dicken Figur. Hier hat also eine Veränderung in der Wahrnehmung stattgefunden.

		1	2	3	4	5
Wen halten Sie für den Verträglichsten?	1971	5	5	28	21	43
	1979	6	31	32	17	11
	1989	3	22	43	22	10
Wer hat die meiste Freude im Leben?	1971	7	11	34	23	27
	1979	11	52	25	6	3
	1989	7	29	45	15	5
Mit wem möchten Sie gerne befreundet sein?	1971	2	15	45	37	3
	1979	12	60	23	3	0
	1989	5	31	54	9	2
Wer hat die größte Lebenserwartung?	1971	17	42	35	6	2
	1979	28	57	12	1	0
	1989	14	47	34	4	7
Wer hat die meiste Freude bei der Liebe?	1979	15	54	24	3	0
	1989	7	37	47	7	2
Wer hat die attraktivste Figur?	1989	6	45	44	3	1
Wer hat die am wenigsten attraktive Figur?	1989	17	4	3	3	74

Abbildung 8: Veränderung im Image des „Dicken" und des „Dünnen" seit 1970 (Pudel & Westenhöfer, 1988)

Die Ergebnisse lassen darauf schließen, dass nicht allein das Gewicht oder die Figur maßgeblich für die Zuschreibung von Attraktivität sind. Es gibt einige Studien zum Thema Attraktivität. Wir möchten Ihnen einige Ergebnisse des Forschungsstandes vorstellen, um folgende Fragen beantworten zu können:
– Ist Attraktivität nur an Schlankheit gebunden?
– Was genau ist eigentlich Attraktivität?

Zum Beispiel konnte Singh (1993) mit Ergebnissen ihrer Studie zeigen, dass Attraktivität nicht ausschließlich an Schlankheit gebunden ist. Sie fand, dass Attraktivität von der Körperfettverteilung beeinflusst wird, welche anhand des Taille-Hüft-Verhältnisses bestimmt wurde. Normalgewichtige Frauen mit einem Taille-Hüft-Verhältnis von 0,7 wurden am attraktivsten eingeschätzt. Singh erklärte dies aus evolutionsbiologischer Sicht – Frauen mit diesem Taille-Hüft-Verhältnis galten als fruchtbarer und damit attraktiver für die Paarung. Sie hatten damit einen Selektionsvorteil gegenüber weniger attraktiven

Frauen. Zudem konnte gezeigt werden, dass bei Männern eher das Gesicht als attraktiv eingeschätzt wird, während bei Frauen vor allem der Körper eine Rolle spielt. Hierbei spielten Faktoren wie körperliche Gesundheit, körperliches Wohlbefinden und das Selbstwertgefühl als emotionale Komponente eine Rolle bei der Einschätzung der eigenen Attraktivität (Wade & Cooper, 1999). Attraktivität ist also ähnlich dem Körperbild ein komplexes Gebilde, das sich aus Gedanken, eigenen Einstellungen und Ansichten über Attraktivität sowie emotionalen Faktoren wie zum Beispiel die erfahrene Wertschätzung durch andere zusammensetzt.

Zusätzlich zeigen mehrere Studien, dass Attraktivität von weiteren Faktoren beeinflusst wird, dazu zählen z.B. die Symmetrie des Gesichtes, wie alt ein Gesicht aussieht, das Lebensalter insgesamt (Furnham, Mistry & Clelland, 2004).

Zusammenfassend kann man feststellen, dass die Bewertung von Attraktivität nicht nur von soziokulturellen Einflüssen abhängt, sondern neben den gemachten Erfahrungen, kulturellen Normen und eigenen Einstellungen auch Evolution und Biologie (z.B. Taille-Hüft-Verhältnis, Alter, etc.) darauf einen Einfluss hat, was der Mensch als attraktiv erachtet und was nicht (Henss, 2000). Die meisten oben beschrieben Faktoren zählen zu den objektiv messbaren Schönheitsmerkmalen, die in den verschieden Studien gefunden wurden.

Um die Frage, was Attraktivität eigentlich ist, näher zu beleuchten, wollen wir noch darauf eingehen, welchen Einfluss diese objektiven Schönheitsmerkmale wie Symmetrie des Gesichts, Taille-Hüftverhältnis und ähnliches auf die wahrgenommene Attraktivität eines Menschen überhaupt haben – denn auch das wurde untersucht.

Man fand heraus, dass die objektiven Schönheitsmerkmale nicht nur unterschiedlichen kulturellen Einflüssen unterliegen, das heißt, dass in über 200 Kulturen stets andere objektive Schönheitsmerkmale galten, sondern auch, dass vor allem der persönliche Geschmack und das Niveau der eigenen Attraktivität einen Anteil daran haben, was unter Attraktivität bzw. Schönheit verstanden wird.

In Abbildung 9 ist das Verhältnis der so genannten drei Säulen von Schönheitsempfinden (Hassebrauck & Küpper, 2002) dargestellt. Diese drei Säulen sind neben den objektiven Schönheitsmerkmalen der persönliche Geschmack und das Niveau des Betrachters.

Wie deutlich zu sehen ist, machen die objektiven Schönheitsmerkmale wie
Taille-Hüftverhältnis, Symmetrie des Gesichts nur ca. ein Viertel des Gesamt-
urteils aus. Fast zwei Drittel der Urteile basieren auf Eigenschaften und per-
sönlichem Empfinden des Beurteilers. Schönheit und Attraktivität liegen dem-
nach vor allem im Auge des Betrachters.

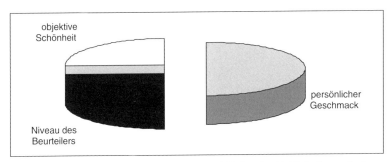

Abbildung 9: Modell zur Attraktivität – Die drei Säulen des Schönheitsempfindens
nach Hassebrauck und Küpper (2002)

Nachdem wir jetzt sehr theoretisch über Attraktivität gesprochen haben und
verschiedene Ansichten vorgestellt haben, möchten wir Sie bitten, sich mit
Ihrem eigenen Verständnis von Attraktivität auseinanderzusetzen. Bitte benutzen Sie dazu *Arbeitsblatt 3*. Vergegenwärtigen Sie sich dazu noch einmal
das Collagenbild (vgl. Seite 36). Versuchen Sie, das dort vermittelte Schönheitsideal für sich zu hinterfragen. Überlegen Sie noch einmal, welche Frauen
sie kennen und was Sie an diesen Frauen attraktiv finden. Tragen Sie Ihre
Überlegungen in das Arbeitsblatt 3 ein und beantworten Sie die Fragen im
Anschluss.

Nach diesem Exkurs zur Attraktivität geht es nun wieder um Ihr eigenes negatives Körperbild und wie es sich überhaupt entwickeln konnte. Wie wir ja
schon weiter vorne im Text beschrieben haben, hängt die körperliche Unzufriedenheit mit verschiedenen Faktoren zusammen. Im Folgenden werden nun
wissenschaftliche Theorien dargestellt, die sich mit der Entstehung von körperlicher Unzufriedenheit und der Entwicklung eines negativen Körperbildes
im Zusammenhang mit einer Essstörung beschäftigen.

Wir stellen Ihnen einige Modelle vor, die wir zur Erklärung der Problematik
als sinnvoll erachten. Jede Biographie ist natürlich individuell und die verschiedenen Modelle sollen Ihnen Gelegenheit geben, Ihre eigene, individuel-

le Entwicklungsgeschichte zu verstehen. Deshalb erfolgt hier ein erster Überblick und eine Gelegenheit, einmal darüber nachzudenken, welches der Modelle Sie anspricht und welche Teile auf Sie zutreffen könnten. Wir gehen hier noch mal auf die Details bei der Entstehung des negativen Körperbildes ein, damit für Sie deutlicher wird, auf welche Weise die im multifaktoriellen Modell vorgestellten Entstehungsfaktoren wirken können. Wir halten hier also eine Lupe auf diese Bausteine. Dabei gehen wir besonders auf die prädisponierenden Einflüsse – also kulturelle und sozialisationsbedingte Faktoren im Detail ein. Zunächst erläutern wir im sogenannten soziokulturellen Modell den Einfluss der Eltern und Freunde auf die Einstellung zum eigenen Körper, danach werden eher dynamische Prozesse wie Vergleiche mit anderen beschrieben und zuletzt der Einfluss negativer Erfahrungen in der Gruppe und deren Auswirkung auf das Körperbild.

3.1 Soziokulturelles Modell

Die meisten Forscher sind sich darin einig, dass in westlichen Gesellschaften vor allem soziokulturelle Faktoren einen dominanten Einfluss auf die Entstehung des Körperbildes und der damit verbundenen subjektiven Unzufriedenheit haben. Soziokulturell bezieht sich dabei auf den Einfluss von Medien wie Zeitung, Fernsehen oder auch Werbung, aber auch Einflüsse durch die Eltern, Schule und Freunde sind damit gemeint. Im Kapitel 2.8. haben wir bereits die Studie auf den Fiji-Inseln vorgestellt, die ein gutes Beispiel für diesen Einfluss ist.

Nicht jeder, der mit seinem Körper unzufrieden ist, entwickelt eine Ess- oder Körperbildstörung. Man hat sich daher die Frage gestellt, was genau passieren muss, damit eine junge Frau so unzufrieden wird, dass sie diesen verzerrt wahrnimmt und aktiv versucht, ihren Körper zu verändern. Man hat das auf unterschiedlichste Art und Weise untersucht, mit Fragebögen, verschiedenen Studien zum Einfluss der Medien etc. Dabei hat man mehrere Faktoren gefunden, die einen Einfluss darauf haben, ob das durch Medien und Familie vermittelte Schlankheitsideal angenommen wird, d.h. „internalisiert" wird.

Zunächst einmal hat man festgestellt, dass das Schlankheitsideal über verschiedene „Kanäle" vermittelt wird. Zum einen sind die *Medien* (Zeitung, Fernsehen, etc.) zu nennen, aber auch der *Einfluss der Schule*, von *Freunden* und der *Familie* ist nicht zu unterschätzen. Wird auf diesen Kanälen ein strenges Schlankheitsideal vermittelt, kommt es zu einer „Internalisierung" dieses

Arbeitsblatt 3: Was ist Attraktivität?

• Welche Frauen aus Ihrem Bekanntenkreis finden Sie attraktiv?
  Warum finden Sie sie attraktiv?

_____

_____

_____

_____

_____

_____

• Tragen Sie bitte die beschriebenen Eigenschaften, die sie mit
  Attraktivität in Zusammenhang bringen, in den Kreis ein, teilen Sie die
  Felder nach Ausmaß der Wichtigkeit in Tortenstücke ein. Wie viel
  Prozent macht das Aussehen aus und wie viel andere Eigen-
  schaften?

- Wenn man sich nur auf das Äußere beschränkt: Wie viel Prozent der äußeren Attraktivität ist Ihrer Meinung nach durch das Gewicht bestimmt?

- Welche Rolle spielt das Gewicht bei der Einschätzung Ihrer eigenen Attraktivität?

---

aus Legenbauer & Vocks (2005) © Hogrefe, Göttingen

hohen Anspruches. Dabei spielt das vorhandene Selbstbewusstsein und eine stabile Identität eine zusätzliche Rolle: je selbstbewusster, desto weniger anfällig für das dargestellte Ideal. Zum Beispiel wird von Frauen, die an einer Essstörung leiden, häufig beschrieben, dass es in der *Schule* „in" war, möglichst wenig zu essen, oder dass die *Mutter oder eine Freundin* Diät gemacht hat und man nicht „ausgeschlossen" sein wollte.

Wenn das Schlankheitsideal durch den *sozialen Druck,* der durch Freunde/Familie ausgeübt wird, erst einmal verinnerlicht ist, hat das verschiedene Konsequenzen:

Zunächst einmal wird durch diesen Druck vermittelt, dass der Körper, so wie er ist, nicht in Ordnung ist. Das *Selbstwertgefühl* wird beeinflusst, weil es schwierig ist, unter diesen Bedingungen ein gesundes Selbstbewusstsein zu entwickeln. Zum Beispiel zeigten verschiedene Studien, dass Töchter von Müttern, die häufig wegen ihrer Figur oder ihres Gewichtes kritisiert wurden, später häufig selbst unzufrieden mit ihrem Körper waren. Häufig wird auch beschrieben, dass jemand, der ein niedriges Selbstwertgefühl hat, anfängt, sich an äußerlichen Dingen wie eben dem Schlankheitsideal, zu orientieren, um Sicherheit zu bekommen und das Selbstwertgefühl wieder aufzubauen. Damit entwickelt sich aber ein Teufelskreis, da positive Rückmeldungen dadurch immer an das Äußere gekoppelt bleiben und so auch kein gesundes Selbstwertgefühl entstehen kann. Zudem wird die Ausbildung einer eigenen und stabilen Identität beeinflusst und *Zweifel daran, wie man als Person ist und was den eigenen Wert ausmacht,* können entstehen. An dieser Stelle kommt es dann zu einer starken *Unzufriedenheit mit dem eigenen Körper.* Vor allem Frauen und Mädchen, die dazu neigen, ein eher *höheres natürliches Körpergewicht* zu haben, sind dafür anfälliger (Yates, 1992). Häufig führt dieses höhere Körpergewicht dazu, dass sich diese Mädchen/Frauen nicht wohl fühlen und versuchen, weniger zu essen, um an Gewicht abzunehmen und *Diät* zu machen. Das ständige „sich verbieten" von Speisen, die man gerne isst, aber sich aus Diätgründen entsagt, kann allerdings sehr schnell zu Heißhungerattacken führen und die allgemeine Unzufriedenheit weiter steigern, da hierbei Veränderungen in sozialen Bereichen oder auch der Stimmung entstehen. Zudem wirkt sich das wie bereits beschrieben auf das Gefühlsleben aus. Die ständige Unzufriedenheit mit dem Körper führt zu *negativen Gefühlen* wie *Traurigkeit.*

Das Modell beinhaltet aber auch, dass nicht nur bei der Entstehung des negativen Körperbildes, sondern auch bei dessen Aufrechterhaltung Vorbilder einen Einfluss haben. Diesen Prozess nennt man auch *soziales Lernen*. Soziales Lernen meint, dass Familie und Freunde als Vorbild fungieren. Das gilt nicht nur für besonders positive Eigenschaften oder Verhaltensweisen, sondern auch für ungesunde oder negative wie Diätverhalten und Kummeressen. Auch berichten einige Frauen, dass die Idee zu erbrechen, exzessiven Sport oder Ab-

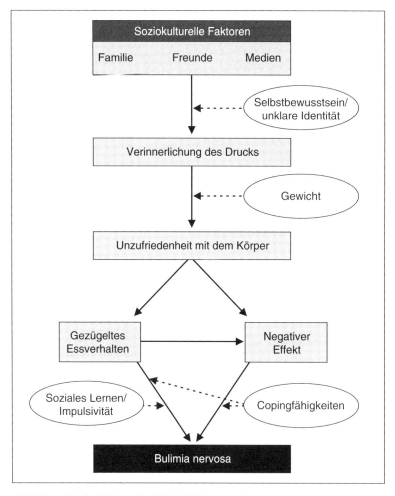

Abbildung 10: Soziokulturelles Modell (Stice, 1994)

führmittelgebrauch zu betreiben durch Reportagen, Zeitungsberichte oder Interviews in den Medien entstanden ist. Ein weiterer Einflussfaktor ist die *Impulsivität*. Impulsivität meint spontane Handlungen, die einem Gefühl folgen. Aus verschiedenen Untersuchungen ist bekannt, dass Frauen, die an Essstörungen leiden, meist impulsiver sind als gesunde Frauen, das heißt, dass zum Beispiel Appetit oder Drang zu essen weniger gut von diesen Frauen kontrolliert bzw. unterdrückt werden können und die Wahrscheinlichkeit eines Essanfalles und damit auch körperlicher Unzufriedenheit steigt. In diesem Zusammenhang fand man, dass die Fähigkeit, mit Gefühlen und Konflikten umzugehen und Probleme zu lösen – die so genannten *Copingfähigkeiten* – sich auch auf das Essverhalten (zum Beispiel Diäten oder gezügeltes Essen) und die allgemeine Stimmungslage (hier als negativer Affekt bezeichnet) auswirken. Personen die mangelhafte Copingfähigkeiten haben, neigen einerseits eher dazu, dem Verlangen nach Essen, welches aus dem gezügelten Essverhalten entsteht, nachzugeben und somit einen Essanfall zu haben, und andererseits schlechter mit ihren negativen Gefühlen umzugehen. In Abbildung 10 ist das Modell grafisch dargestellt, um die Wechselwirkung der einzelnen Faktoren zu verdeutlichen.

Neben dem Modell, dass die Entstehung der Unzufriedenheit mit dem eigenen Körper durch die soziokulturellen Einflüsse erklärt, gibt es weitere Theorien zur Erklärung von Essstörungen und der Entwicklung eines negativen Körperbildes, welche zum Beispiel eher auf soziale Vergleichsprozesse oder Lernerfahrungen in der Umwelt fokussieren.

3.2 Soziale Vergleiche

Einige Forscher haben herausgefunden, dass die meisten Menschen die Tendenz haben, ihre äußere Erscheinung mit einem Ideal zu vergleichen. Dieses Ideal kann sich dabei auf die eigene oder eine andere Person beziehen. Bei einem solchen Vergleich wird oft eine Diskrepanz zwischen dem angestrebten Ideal und dem, wie oder was man tatsächlich ist, festgestellt. Meistens wird der Vergleich „nach oben" gemacht, das heißt, dass man sich zum Vergleichen jemanden sucht, der aus der eigenen Sicht deutlich attraktiver bzw. schlan-

© BZgA

ker, etc. ist. Dies wiederum führt zu Unzufriedenheit, die auf Dauer bestehen bleiben kann.

3.3 Einfluss der Umgebung – Hänseleien

Hänseleien, also negative Äußerungen, die meist auf das Äußere bezogen sind, wurden in den letzten Jahren immer wieder hinsichtlich ihres Einflusses auf die psychische Gesundheit und das Selbstwertgefühl untersucht. Man hat festgestellt, dass Teenager, welche eine Essstörung entwickeln und ein gestörtes Körperbild haben, häufig einem hohen Maß an Hänseleien ausgesetzt waren.

Wie der Einfluss von Hänseleien auf die Einstellungen zur eigenen Person und zum Körperbild aussehen kann, möchten wir gerne am Beispiel der Geschichte „Das hässliche Entlein" von Hans-Christian Andersen zeigen:

Das hässliche Entlein

… aber das arme Entlein, das zuletzt aus dem Ei gekrochen war und so hässlich aussah, wurde gebissen, gestoßen und zum besten gehalten, und das sowohl von den Enten wie von den Hühnern. „Es ist zu groß", sagten sie allesamt. Das arme Entlein wusste weder, wo es stehen noch gehen sollte; es war betrübt, weil es hässlich aussah und vom ganzen Entenhofe verspottet wurde. So ging es den ersten Tag, und später wurde es schlimmer und schlimmer. Das Entlein wurde von allen gejagt, selbst seine Geschwister waren böse darauf und sagten immer: „Wenn die Katze dich nur fangen möchte, du hässliches Geschöpf!" und die Mutter sagte: „Wenn du nur weit fort wärest!" Die Enten bissen es, und die Hühner schlugen es, und ein Mädchen, das die Tiere füttern sollte, stieß mit dem Fuße danach. So lief es davon und geriet in eine Entenjagd. Das war ein Schreck für das arme Entlein; es wendete den Kopf, um ihn unter den Flügel zu stecken, und im selben Augenblick stand ein fürchterlich großer Hund dicht bei dem Entlein. Die Zunge hing ihm lang aus dem Halse heraus, und die Augen leuchteten gräulich hässlich; er streckte seinen Rachen dem Entlein gerade entgegen, zeigte ihm die scharfen Zähne und platsch, platsch, ging er wieder, ohne es zu packen. „Oh, Gott sei Dank!" seufzte das Entlein, „ich bin so hässlich, dass mich selbst der Hund nicht beißen mag!" So lag es ganz still, während der Bleihagel durch das Schilf sauste und Schuss auf Schuss knallte. „Ich glaube, ich gehe hinaus in die weite Welt!" sagte das Entlein. Und so ging das Entlein. Aber all die Not und das Elend, die das

Entlein in dem harten Winter erdulden musste, zu erzählen, würde zu trübe sein. Es lag im Moor, zwischen dem Rohre, als die Sonne wieder warm zu scheinen begann; die Lerchen sangen, es war herrlicher Frühling. Da konnte auf einmal das Entlein seine Flügel schwingen, sie brausten stärker als früher und trugen es kräftig davon; und ehe es das selbst recht wusste, befand es sich in einem großen Garten, wo die Apfelbäume in Blüte standen, wo der Flieder duftete und seine langen, grünen Zweige gerade bis zu den gekrümmten Kanälen hinunter neigte. Oh, hier war es schön und frühlingsfrisch! Gerade vorn aus dem Dickicht kamen drei prächtige weiße Schwäne; sie brausten mit den Federn und schwammen leicht auf dem Wasser. Das Entlein kannte die prächtigen Tiere und wurde von einer eigentümlichen Traurigkeit befallen. „Ich will zu ihnen hinfliegen, zu den königlichen Vögeln, und sie werden mich totschlagen, weil ich so hässlich bin und mich ihnen zu nähern wage; aber das ist ja gleich viel besser, von ihnen getötet, als von den Enten gezwackt, von den Hühnern geschlagen, von dem Mädchen, das den Hühnerhof hütet, gestoßen zu werden und im Winter Mangel zu leiden." Es flog hinaus in das Wasser und schwamm den prächtigen Schwänen entgegen; diese erblickten es und schossen mit brausenden Federn darauf los. „Tötet mich nur!" sagte das arme Tier und neigte seinen Kopf der Wasserfläche zu und erwartete den Tod. Aber was erblickte es in dem klaren Wasser? Es sah sein eigenes Bild unter sich, das kein plumper, schwarzgrauer Vogel mehr war, hässlich und garstig, sondern selbst ein Schwan. Es schadet nichts, in einem Entenhofe geboren zu sein, wenn man nur in einem Schwanenei gelegen hat. Es fühlte sich ordentlich erfreut über all die Not und die Drangsal, die es erduldet hatte; jetzt erkannte es erst sein Glück an all der Herrlichkeit, die es begrüßte. Die großen Schwäne umschwammen es und streichelten es mit dem Schnabel. Da brausten seine Federn, der schlanke Hals hob sich, und aus vollem Herzen jubelte er: „Soviel Glück habe ich mir nicht träumen lassen, als ich noch das hässliche Entlein war!"

An dieser Geschichte wird deutlich, wie sehr die Meinung anderer, kritische Bemerkungen und ablehnendes Verhalten die Ansichten über und die Einstellung zu sich selbst beeinflussen kann.

Die zuvor beschriebenen theoretischen Modelle sind nur ein kurzer Überblick über diese Fakten. Haben Sie sich in einem der Modelle wieder gefunden? Was glauben Sie, hat bei Ihnen dazu geführt, ein negatives Körperbild zu entwickeln?
– Haben Sie manchmal den Gedanken, dass Sie glücklicher wären, wenn Sie nur 5 (10, 15) Kilogramm weniger wiegen würden?

– Denken Sie, wenn Ihre Brüste größer/kleiner wären oder Ihr Bauch flacher, dann würden Sie zufriedener werden?
– Gibt es Situationen, die Sie auf Grund Ihres Aussehens vermeiden?
– Haben Sie einen speziellen Kleidungsstil, um Ihre „körperlichen Mängel"
zu kaschieren?

All diese Fragen haben mit der Einstellung zum Körper zu tun. Körper und
Person bilden eine Einheit, wenn der Körper nicht geschätzt oder gar abge-
lehnt wird, dann trifft das den Menschen selbst. Damit nimmt er sich ein gutes
Stück an Lebensqualität und die Möglichkeit, glücklich zu sein. In diesem
Ratgeber geht es nun nicht darum, wie Sie Ihr Aussehen verbessern können,

---

Kasten 4: Die Entwicklung meines Körperbildes

Als Abschluss des ersten Kapitels möchten wir Sie nun noch bitten, Ihre eigene
Körperbildgeschichte aufzuschreiben. Im folgenden ist ein Beispiel dargestellt,
wie so eine Körperbildgeschichte aussehen könnte und welche Auswirkungen sie
haben könnte.

Wie sah ich in der Zeit (Kindheit, Jugend, Heute) aus?
Welche negativen Erfahrungen habe ich hinsichtlich meines Körpers gemacht?
Welche positiven Erfahrungen habe ich hinsichtlich meines Körpers gemacht?

Kindheit:	Jugend:	Erwachsenenalter/ Heute:
Ich war etwas pummlig, war deshalb nicht so schnell und geschickt wie die anderen und wurde deshalb öfter von den anderen Kindern gehänselt. Das war schrecklich für mich.	Ich war immer noch etwas pummlig und fand mich deshalb sehr unattraktiv. Sehr schlimm war es, als ich mit 14 unglücklich verliebt war und der Junge sich abfällig über meine Figur geäußert hat („fette Kuh"). Mit 16 hatte ich meinen ersten Freund, durch den ich dann etwas mehr Selbstvertrauen bezüglich meines Körpers aufgebaut hatte.	Durch die Bulimie bin ich etwas dünner und bekomme Komplimente von anderen Leuten (z. B. vorgestern: „Du hast so eine tolle Figur und so lebendige Ausstrahlung"). Trotzdem mag ich meinen Körper immer noch nicht.

aus Vocks & Legenbauer (2005) © Hogrefe, Göttingen

sondern wie Sie Ihren Körper anders wahrnehmen lernen und eine bessere Beziehung zu ihm aufbauen können.

Dafür ist es zunächst wichtig, herauszufinden, wie sich bei Ihnen individuell Ihr Körperbild entwickelt hat. Um Ihnen dabei zu helfen, haben wir uns verschiedene Aufgaben überlegt. In einem ersten Schritt geht es darum, zunächst die Körperbildgeschichte niederzuschreiben.

Nutzen Sie dafür das *Arbeitsblatt 4*. In der ersten Spalte werden Sie nach Erfahrungen befragt, die Sie mit Ihrem Körper in der Kindheit gemacht haben. Dazu zählen positive Erfahrungen wie z. B. sportliche Erfolge, aber auch negative wie Hänseleien. Im Kasten 4 finden Sie für alle drei wichtigen Zeiträume (Kindheit, Jugend und Erwachsenenalter) jeweils ein Beispiel, wie solche Erfahrungen aussehen könnten.

Falls Sie Schwierigkeiten haben, das *Arbeitsblatt 4* auszufüllen, können Sie die Anregungen in Kasten 5 verwenden. Im Kasten 5 sind verschiedene Fragen formuliert, die Ihnen helfen sollen, eine Idee zu bekommen, welche Erfahrungen das sein könnten, die für die Entwicklung Ihres Körperbildes wichtig waren. Versuchen Sie nach dem Beantworten der Fragen vom Kasten 5 noch einmal, Ihre Körperbildgeschichte zu beschreiben.

Kasten 5: Hilfen zur Bearbeitung der Übung „Körperbildgeschichte"

Bitte beantworten Sie anhand Ihres Arbeitsblattes zur Entwicklung des eigenen Körperbildes folgende Fragen:
1. Haben die beschriebenen Erfahrungen einen Einfluss auf Ihr heutiges Körperbild?
2. Würden Sie die Ereignisse damals aus der heutigen Sicht anders bewerten?
3. Welche Gedanken bzw. Einstellungen haben Sie heute hinsichtlich Ihres Körpers auf Grund dieser Erfahrungen, die Sie eben geschildert haben?

Mein individuelles Entstehungsmodell. Nachdem Sie nun die Modelle zur Entstehung und Aufrechterhaltung einer Essstörung sowie eines negativen Körperbildes kennen gelernt und die Entwicklung Ihres eigenen Körperbildes bearbeitet haben, ist es nun wichtig für Sie, Ihr individuelles Entstehungsmodell zu erstellen und zu verstehen. Bitte benutzen Sie hierfür das *Arbeitsblatt 5* und tragen sie in die freien Felder des Modells Ihre ganz persönlichen Erfahrungen ein (vgl. Kasten 4, siehe Seite 51). Das Ausfüllen des Arbeitsblattes 5 soll Ihnen verdeutlichen, welche individuellen Bedingungen zur Entstehung Ihres eigenen Körperbildes geführt haben und welche es aufrechterhalten.

Arbeitsblatt 4:
Die Entwicklung meines Körperbildes

- Wie sah ich in der Zeit (Kindheit, Jugend, Heute) aus?
- Welche negativen Erfahrungen habe ich hinsichtlich meines Körpers gemacht?
- Welche positiven Erfahrungen habe ich hinsichtlich meines Körpers gemacht?

Kindheit:	**Jugend:**	**Erwachsenen-alter / Heute:**

Arbeitsblatt 5: Individuelles Entstehungsmodell Ihres Körperbildes

Bitte tragen Sie in die freien Felder im Modell Ihre individuellen Entstehungsbedingungen und aufrechterhaltende Faktoren ein. Sie können sich dabei an den verschiedenen im Text beschriebenen Modellen orientieren.

Entstehungsbedingungen

Soziokulturelle Faktoren

Individuelle Faktoren

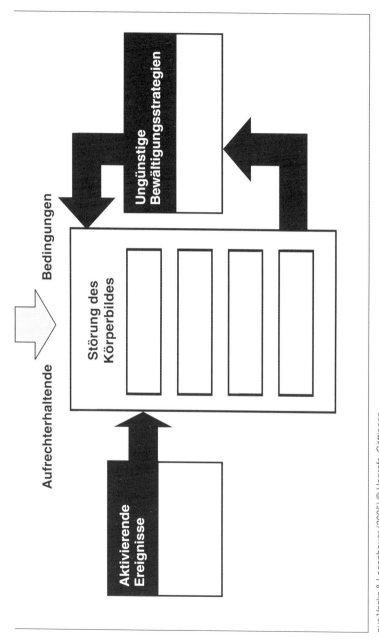

4 Kleider machen Leute – Gedanken auch?

Im Vier-Komponentenmodell zum Körperbild (siehe Seite 20) wurde beschrieben, dass neben der Wahrnehmungskomponente auch die Einstellungen und Gedanken über den eigenen Körper eine wichtige Rolle für das negative Körperbild spielen. In den vorangegangenen Kapiteln wurde Ihnen zunächst vorgestellt, was überhaupt ein „Körperbild" ist und welche Faktoren dazu beitragen, dass sich ein negatives Körperbild entwickelt. Wir haben Ihnen die einzelnen Komponenten des Körperbildes detailliert erläutert und möchten nun darauf eingehen, an welchen Stellen Sie arbeiten können, um Ihr eigenes negatives Körperbild zu verändern. Das vorherige Kapitel endete damit, dass Sie eine Idee darüber bekamen, wie Ihre eigene Körperbildgeschichte sich entwickelt hat und wie Ihr individuelles Modell zur Entstehung und Aufrechterhaltung dieses negativen Körperbildes aussieht. Diese Ideen sollten Sie in das Arbeitsblatt 5 „Individuelles Entstehungsmodell" eintragen. Basierend auf dieser Grundlage geht es nun im nächsten Schritt darum, Gedanken und Gefühle, die mit dem negativen Körperbild zusammenhängen, genauer zu betrachten.

Wenn Sie sich das Modell noch einmal genau vor Augen führen, dann sind dort auch die „aufrechterhaltenden Faktoren" beschrieben, die dazu führen, dass sich das Körperbild immer wieder in seiner Negativität bestätigt. Diese Bestätigung kann über die beschriebene „körperbildkonforme Informationsverarbeitung" erfolgen, welche sich aus Wahrnehmung, Gedanken und Gefühlen zusammensetzt und spezifische Verhaltensweisen zur Folge hat. Mit körperbildkonformer Wahrnehmung ist gemeint, dass Informationen, die unserer eigenen Ansicht entsprechen, viel leichter wahrgenommen werden. Vielleicht kennen Sie ja das Beispiel, dass nur einer von zwanzig zu sagen braucht, dass Ihr Haar schlecht liegt und Sie schon verunsichert sind und alle positiven Argumente nichts mehr zählen, weil die negative Aussage viel mehr in Ihr eigenes Bild von sich passt. Es sind darin also alle beschriebenen Komponenten des Körperbildes enthalten. Um die Einstellungen zu verändern und gegen diese aufrechterhaltenden Prozesse zu arbeiten, kann man an verschiedenen Punkten in diesem „Teufelskreis" ansetzen. Wir möchten mit Ihnen nun bei den Gedanken und Einstellungen beginnen. Sie haben dazu bereits Vorarbeit geleistet, indem Sie Ihr eigenes Modell entworfen und die Fragen zur Körperbildgeschichte beantwortet haben.

4.1 Die schwarze Gedankenbrille verändern

Wir haben anfangs schon beschrieben, dass das negative Körperbild oft wie durch eine „schwarze Brille" wahrgenommen wird. Um diese „schwarze Brille" loszuwerden und das Körperbild zu verbessern, ist es im nächsten Schritt wichtig, festzustellen, welche Gedanken, Einstellungen und Gefühle mit dem Körper zusammenhängen.

Wie bereits angedeutet, lernen wir in unserer Entwicklungsgeschichte alles über uns, gesellschaftliche Konventionen und Rollenverhalten (zum Beispiel die Rolle der Frau, Mutter, Tochter etc.). Aus diesen Erfahrungen bilden sich unsere Grundüberzeugungen heraus, welche unser Gefühl und unser Verhalten beeinflussen. Oft kommen Überzeugungen, die uns daran hindern, uns anzunehmen und zu akzeptieren wie wir sind, aus unserer Kindheit. Wie schon beschrieben, leiten wir unsere Gedanken und Einstellungen zunächst von den Erwachsenen und dem Modell der Eltern ab, bis wir unabhängig genug sind, eigene Überzeugungen zu entwickeln. In manchen Punkten mag das schwer sein. Um das an einem Beispiel deutlich zu machen, stellen Sie sich einmal folgendes vor: „Meine Mutter findet, ich bin zu dick." Diese Erfahrung hängt mit verschiedenen anderen Gedanken und Bewertungen in der Situation zusammen, so dass aus dieser Erfahrung eine Überzeugung entsteht, und zwar die Überzeugung: „Ich fühle mich schlecht, weil ich zu dick bin." Im Gehirn werden also die Gedanken bezüglich der Erfahrung so vermischt, dass eine Überzeugung daraus wird. Wie das genauer vonstatten geht, ist in Abbildung 11 dargestellt.

Das Gedankenexperiment (Abbildung 11) zeigt, was auch dem kleinen Entlein passiert ist. Aus einer Erfahrung wurde eine Überzeugung. Diese Überzeugungen führen nun dazu, dass wir uns anders verhalten und damit auch Situationen schaffen, in denen unsere Erfahrungen bestätigt werden. Damit

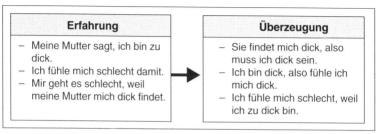

Abbildung 11: Entstehung von Überzeugungen aus Erfahrungen

die Zusammenhänge besser vorstellbar sind, möchten wir Ihnen eine weitere Geschichte erzählen (zitiert nach P. Watzlawik: „Anleitung zum Unglücklichsein", Seite 37ff):

Die Geschichte mit dem Hammer

 Ein Mann will ein Bild aufhängen. Den Nagel hat er, nicht aber den Hammer. Der Nachbar hat einen. Also beschließt unser Mann, hinüberzugehen und ihn auszuborgen. Doch da kommt ihm ein Zweifel: Was, wenn der Nachbar mir den Hammer nicht leihen will? Gestern schon grüßte er mich nur so flüchtig. Vielleicht war er in Eile. Aber vielleicht war die Eile nur vorgeschützt, und er hat etwas gegen mich. Und was? Ich habe ihm nichts angetan; der bildet sich etwas ein. Wenn jemand von mir ein Werkzeug borgen wollte, ICH gäbe es ihm sofort. Und warum nicht? Wie kann man einem Mitmenschen einen so einfachen Gefallen abschlagen? Leute wie dieser Kerl vergiften einem das Leben. Und dann bildet er sich auch noch ein, ich sei auf ihn angewiesen. Bloß weil er einen Hammer hat. Jetzt reicht's mir wirklich. – Und so stürmt er hinüber, läutet, der Nachbar öffnet, doch noch bevor er „Guten Tag" sagen kann, schreit ihn unser Mann an: „Behalten Sie Ihren Hammer, Sie Rüpel!"

Das Beispiel beschreibt sehr gut, wie man sich gedanklich eine Situation so konstruieren kann, dass das Verhalten dazu führt, dass die Erwartung erfüllt wird. Das heißt also, dass nicht die Situation an sich die Gefühle einer Person beeinflusst, SONDERN die *Art und Weise* wie die Person die Situation *interpretiert*.

Übertragen auf das Körperbild könnte das Beispiel so aussehen, dass Sie sich nicht trauen, eng anliegende Kleidung zu tragen. Kommt es nun doch einmal dazu, dass Sie sich körperbetont kleiden, gehen Sie davon aus, dass jeder, der Sie anschaut, wegen der eng anliegenden Kleidung schaut und Sie fühlen sich damit sehr unwohl und zeigen das auch in Ihrem Verhalten und wirken deshalb auf andere nicht so offen und ansprechend. Weil Sie sich so unwohl fühlen, gehen Sie verkrampft oder bewegen sich ängstlich (Auswirkung auf der Verhaltensebene), so dass Sie auf andere unnatürlich wirken. Damit ist ihre Überzeugung „ich fühle mich in eng anliegender Kleidung nicht wohl, ich kann so was nicht tragen" bestätigt. Es ist so etwas wie eine „sich selbst erfüllende Prophezeiung" eingetreten.

Häufig ist uns nicht bewusst, was in einer solchen Situation passiert. Ganz automatisch schießt uns ein Gedanke in den Kopf, der zu einer Reaktion führt. Vielleicht kennen Sie die Situation:

Sie gehen über die Straße und auf der anderen Seite stehen zwei Frauen an der Bushaltestelle. Die Frauen schauen zu Ihnen herüber und fangen an zu lachen. Sie denken: „Die lachen bestimmt über mich".

Diese *automatischen Gedanken* lösen ein Gefühl aus. Wahrscheinlich fühlen Sie sich in dieser Situation nicht besonders wohl. Eventuell ärgern Sie sich oder Sie schämen sich, sind verunsichert. Weil der Gedanke automatisch in den Kopf kommt und bewusst häufig gar nicht mehr wahrgenommen wird, sondern meist nur noch das damit zusammenhängende Gefühl, wird der Gedanke nicht mehr hinterfragt. Das heißt, Sie nehmen an, dass die beiden Frauen TATSÄCHLICH über Sie gelacht haben. Diese Situation hat zur Folge, dass ihre grundlegende Einstellung zu sich und Ihrem Körper („Ich bin lächerlich.") bestätigt wird.

Diese grundlegende Einstellung wird *Grundannahme* genannt. Diese Grundannahmen entwickeln sich, wie bereits beschrieben, zum Teil schon in der Kindheit. Diese Annahmen werden für absolut wahr gehalten (wie in dem Gedankenexperiment beschrieben). Das heißt, diese Grundannahme ist unterschwellig meistens präsent, so dass jede Situation durch die „Brille" dieser Annahme betrachtet wird. Das führt aber auch dazu, dass nicht alle Informationen in der Situation richtig wahrgenommen werden, sondern nur solche, die die Annahme bestätigen. So kommt es, dass die Annahme dauerhaft aufrechterhalten wird.

Auf unser Beispiel bezogen könnte es sein, dass genau zu der Zeit, zu der Sie über die Straße gehen, ein Fahrschulwagen vorbei fährt und der darin sitzende Fahrschüler den Gang nicht richtig einlegt, so dass das Auto einen Sprung nach vorne macht. Die Frauen sehen das und lachen. Auf Grund ihrer Grundannahme „Ich bin lächerlich" gehen Sie allerdings davon aus, dass die Frauen Sie mit dem Gelächter meinen und ignorieren das hoppelnde Auto. Hätten Sie die Grundannahme „Ich bin ein ernstzunehmender Mensch", dann hätten Sie sich beim Lachen der Frauen umgedreht, das Auto möglicherweise registriert und gemerkt, dass das Lachen der anderen gar nichts mit Ihnen persönlich zu tun hat.

Um den Unterschied zwischen Grundannahmen, Einstellungen und den automatischen Gedanken deutlich zu machen, noch ein weiteres Beispiel:

Gehen wir einmal davon aus, dass Sie folgende Grundannahme haben: „Ich bin wertlos, nicht liebenswert", dann möchten Sie etwas dagegen tun. Das heißt, aus dieser Grundannahme könnten Sie die Einstellung entwickeln:

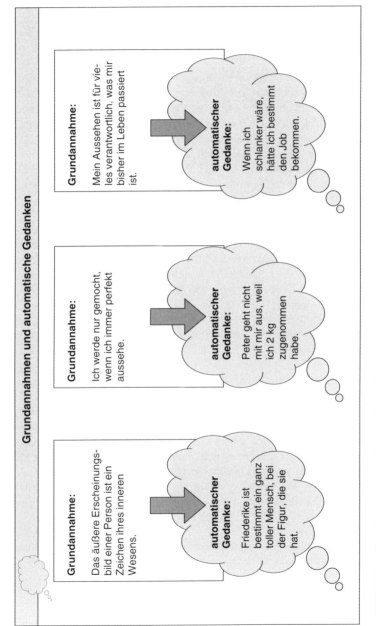

Abbildung 12: Grundannahmen und automatische Gedanken

„Dünne Menschen sind liebenswert." Aus dieser Einstellung könnte sich dann die Erwartung ableiten: „Dünne Leute sind beliebt. Wenn ich nur dünn wäre, dann würden mich die Leute auch mögen." Diese Regel würde Ihr Verhalten beeinflussen, dazu führen, dass Sie weniger essen. Der automatische Gedanke könnte dann immer, wenn Sie mit Ihrem Körper konfrontiert werden: „Mich mag keiner" sein. Am Beispiel in Abbildung 12 soll nun noch einmal verdeutlicht werden, wie die Grundannahme als Sockel zu einem automatischen Gedanken führen kann:

Wie Sie in Abbildung 12 sehen können, hängen Grundannahmen und automatische Gedanken eng zusammen. Die Gedankenbeispiele beziehen sich auf Grundannahmen, die das Aussehen und den Körper betreffen. Im Folgenden sind noch einmal Beispiele für Grundannahmen aufgeführt, die mit einem negativen Körperbild zusammenhängen können:

– Ich werde nur gemocht, wenn ich immer perfekt aussehe.
– Das äußere Erscheinungsbild einer Person ist ein Zeichen ihres inneren Wesens.
– Mein Gewicht bestimmt über meinen Wert als Person.
– Mein Aussehen ist für vieles verantwortlich, was mir bisher im Leben passiert ist.
– Ich muss meine Mängel verstecken. Wenn andere Leute merken würden, wie ich in Wirklichkeit aussehe, würden sie mich nicht mögen.
– Die Botschaften aus den Medien machen es mir unmöglich, mit meiner Figur zufrieden zu sein.

Bitte schauen Sie sich die Beispiele gut an. Überlegen Sie dann, welche Grundannahmen auch auf Sie zutreffen könnten. Wenn Sie für sich solche „Richtlinien" oder Grundannahmen gefunden haben, tragen Sie diese in das zugehörige *Arbeitsblatt 6* ein. Diese Grundannahmen sind in Form von Gesetzbüchern dargestellt, weil sie so etwas wie Richtlinien darstellen. Durch das Erkennen der Grundannahmen wird es Ihnen leichter fallen, damit zusammenhängende automatische Gedanken zu erkennen und an deren Veränderung zu arbeiten.

Wir haben uns nun als erstes Ihre Grundannahmen angeschaut. Diese Grundannahmen bilden den „Sockel" für die daraus folgenden automatischen Gedanken. Diese wollen wir uns als nächstes ansehen.

Um dahin zu kommen, sich als Mensch und seinen Körper mehr zu akzeptieren, müssen diese negativen, automatischen Gedanken erkannt werden und die dahinter steckende Grundannahme herausgearbeitet werden. Dies kann man über Gedankenprotokolle, Diskussionen, Übung schwieriger oder bedrohlicher Situationen (zum Beispiel Spiegelkonfrontation, s. Kapitel 5) erreichen. Sie können darüber nachdenken, was andere zu Ihren Gedanken meinen, was eine Freundin an Ihrer Stelle tun würde oder auch, wie realistisch Ihre Interpretation ist.

© BZgA

Die Gedanken zu verändern ist eine der schwierigsten Übungen, da diese sich ja über Jahrzehnte entwickelt haben. Oft treten sie so automatisch auf, dass wir selbst sie kaum noch wahrnehmen. Daher ist es eine wichtige Übung, sich die persönlichen automatischen Gedanken erst einmal bewusst zu machen.

Dazu können Sie das *Arbeitsblatt 7* benutzen. Im Folgenden finden Sie verschiedene „automatische Gedanken", die typischerweise bei Frauen mit einer Essstörung auftreten:

– Wenn Mark meinen Bauch sieht, hat er bestimmt keine Lust, heute hier zu bleiben!
– Alle anderen sind viel dünner als ich! Ich bin bei weitem die Fetteste hier!
– So wie ich jetzt aussehe, kann ich mich auf keinen Fall auf der Party zeigen!
– Lieber sterbe ich als 5 Kilogramm zuzunehmen!
– Wenn ich jetzt nicht kontrolliere, was ich esse, werde ich immer weiter zunehmen!
– Die Verkäuferin hat bestimmt so angeekelt geguckt, weil ich so dicke Oberschenkel habe!
– Die Frauen in der Zeitschrift sind so dünn, nur ich bin so fett!
– Ich kann das enge Oberteil nicht mehr anziehen, weil ich zwei Kilo zugenommen habe!
– Wenn ich nicht so eine hässliche Figur hätte, hätte es mit Jan bestimmt geklappt!

Überlegen Sie, welche dieser Aussagen Ihnen persönlich bekannt vorkommen. Notieren Sie nun im *Arbeitsblatt 7* eigene Beispiele.

Falls Sie Schwierigkeiten haben, diese Gedanken herauszufinden, dann füllen Sie zunächst den Kasten 6 aus, der Ihnen Sätze vorgibt, die Sie beenden müssen. Die Aussagen beziehen sich ebenfalls auf Themenbereiche, die häufig mit der Ursache und grundlegenden Einstellungen bei Essstörungen zu tun haben und können helfen, automatische Gedanken zu erkennen (aus Böse, 2002).

Arbeitsblatt 6: Meine Grundannahmen

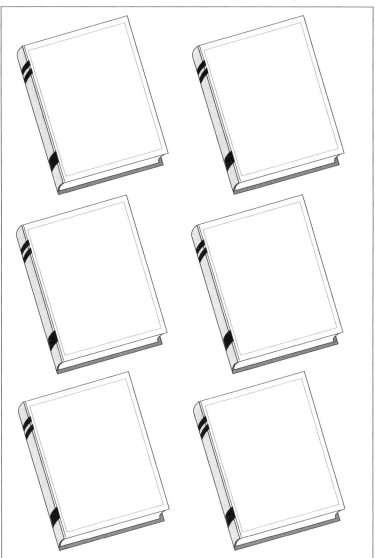

Arbeitsblatt 7: Meine automatischen Gedanken

© BZgA

Kasten 6: Hilfen zur Identifikation der „automatischen Gedanken"

Ergänzen Sie bitte die nachfolgenden Satzanfänge möglichst schnell und spontan:

Ich mag mich nicht, weil _____

_____

Mein Körper ist _____
Wenn ich mich im Spiegel sehe, dann denke ich, dass _____

_____

Wenn andere mich ansehen, denke ich, dass _____

_____

Ich finde andere Frauen _____
Schlanke Frauen sind _____
Dicke Frauen sind _____
Wenn ich abnehmen würde, _____
Wenn ich zunehmen würde, _____

4.2 Verschiedene Typen automatischer Gedanken

Man hat nun festgestellt, dass es typische automatische Gedanken (modifiiert nach Jacobi, Paul & Thiel, 2000) gibt, die bei Frauen mit Essstörungen und Menschen, die unter Depressionen leiden, auftreten. Diese werden im Folgenden anhand jeweils eines Beispieles beschrieben.

Selektive Wahrnehmung. Konzentriert sich eine Person auf Einzelheiten einer Situation und ignoriert den Gesamtzusammenhang dieser Situation, dann nimmt sie selektiv wahr. Auf die Gedanken bezogen, bedeutet dies, dass die Person eine Überzeugung mit einzelnen Indizien begründet, während sie die Gesamtheit der Beweise ignoriert. Das heißt auch, dass sie der Überzeugung entgegengesetzte und glaubwürdigere Beweise ausblendet. Das nächste Fallbeispiel zeigt eine solche Überzeugung:

Fallbeispiel Frau P.:

Frau P. ist unzufrieden mit ihrem Körper und hat deshalb in den letzten Wochen eine sehr strenge Diät gemacht, woraufhin sie 10 Kilogramm an Gewicht verloren hat. Ihre Arbeitskolleginnen Frau B. und Frau S. haben den drastischen Gewichtsverlust bemerkt und machen sich nun Sorgen. Sie sprechen Frau P. an: „Du hast in letzter Zeit sehr viel abgenommen. Es ist schon etwas besonderes, wenn man es schafft, 10 Kilogramm abzunehmen und dünner zu werden, aber nur wenn man stark übergewichtig war. Du warst allerdings vor deiner Diät überhaupt nicht dick und hattest eine so schöne, weibliche Figur, um die wir dich oft beneidet haben. Das ist jetzt aber keineswegs mehr so, da du nur noch Haut und Knochen bist. Du siehst wirklich nicht mehr so attraktiv aus und bist häufig so müde und schlapp. Du solltest dich wieder normal ernähren, damit du wieder gesünder wirst und den Anforderungen deines Alltages gewachsen bist." Auf Grund Frau P.s selektiver Wahrnehmung, kommt sie zu der Überzeugung „Wenn ich dünn bin, bin ich etwas besonderes.", wobei sie die von ihren Kolleginnen genannten Aspekte, die eindeutig gegen ihre starke Gewichtsabnahme sprechen, wie der jetzt vorhandene unattraktive und schwache Körper, vollkommen ausblendet.

Verallgemeinerung. Stellt eine Person eine Regel auf Grund einer einzigen – vielleicht bedeutungslosen – Begebenheit auf und überträgt diese Regel auf andere, unähnliche Situationen, dann verallgemeinert sie. Eine solche Verallgemeinerung könnte wie folgt aussehen: „Als ich noch Kohlenhydrate gegessen habe, war ich dick, deshalb muss ich jetzt kohlenhydratreiche Kost vermeiden, um nicht fett zu werden."

Übertreibung. Überschätzt eine Person die Bedeutung von Ereignissen, dann übertreibt sie. Dabei spricht sie Situationsbegebenheiten eine tiefere Bedeutung zu, die diese bei objektiver Betrachtung nicht besitzen. „Wenn ich ein Stück Schokolade esse, dann nehme ich ein Kilo zu" wäre beispielsweise eine Übertreibung.

Alles-oder-nichts-Denken. Vollzieht sich das Denken bei einer Person in extremen oder absoluten Begriffen, dann zeigt sie Alles-oder-nichts-Denken. Geschehnisse können nur schwarz oder weiß, richtig oder falsch, gut oder schlecht sein. Die Überzeugung „Wenn mir die Hose in Gr. 36 nicht passt, bin ich fett" wäre hierfür ein Beispiel.

Personalisierung. Sucht eine Person die Ursache eines negativen Ereignisses fälschlicherweise bei sich selbst, dann personalisiert sie. Es kann sein, dass jemand mehrdeutige Situationen ohne vorhandene Beweise auf die eigene Person bezieht. Das folgende Beispiel zeigt dies: „Als ich vorbeiging, lachten und tuschelten zwei Leute. Sie haben bestimmt darüber geredet, wie unattraktiv ich doch bin."

Magisches Denken. Glaubt eine Person an eine Ursachenbeziehung zwischen absolut unabhängigen Ereignissen, dann zeigt sie magisches Denken. Dies wäre bei dem Gedanken „Ich habe zwei Kilo zugenommen, weil ich gestern nicht joggen war" der Fall.

Dies sind Beispiele möglicher „Denkfehler", die im Zusammenhang mit einer Essstörung bzw. einer Körperbildstörung auftreten können. All diese Fehler tragen dazu bei, dass Sie sich selbst nichts wert sind und Ihren Körper ablehnen.

Es ist nicht so, dass Sie einen schönen Körper „besäßen". Sie sind Ihr KÖRPER; ihn nicht zu mögen, heißt in Wirklichkeit, sich nicht als Mensch zu akzeptieren (Zitat: Dyer, 1998).

Sie haben nun schon anhand der Arbeitsblätter und der Beispiele einiges über mögliche Grundannahmen über Ihren Körper und daraus resultierende automatische Gedanken erfahren. Die Arbeitsblätter 6 und 7 sollten Ihnen helfen, ganz konkret für Sie typische Gedanken herauszufinden.

Der nächste Schritt ist nun, sich Ihre persönlichen „automatischen Fehler" bewusst zu machen. Dazu finden Sie im Folgenden das *Arbeitsblatt 8*. Bevor Sie es sich anschauen, rufen Sie sich bitte noch einmal das Vier-Komponentenmodell des Körperbildes (vgl. Abbildung 2, Seite 20) ins Gedächtnis.

Wir sind jetzt bei den Gedanken. Gedanken werden in bestimmten Situationen ausgelöst. Sie erfolgen durch die Bewertung der Situation wie in diesem Kapitel beschrieben wurde. Das bedeutet, dass wir in einer bestimmten Situation Informationen bekommen, die zu bestimmten Gedanken führen. Im Falle eines negativen Körperbildes heißt dies, dass vor allem Gedanken negativen Inhalts bezüglich des eigenen Körpers auftreten. Um den Gedanken nun zu verändern, ist es wichtig, die Situation auf mögliche alternative Interpretationen zu überprüfen und dann einen angemesseneren, positiven Gedanken dazu zu entwickeln. Es geht dabei nicht darum, die Welt durch eine „rosarote Brille" zu sehen, sondern auch neutralen oder positiven Gedanken, die vielleicht situationsangemessener sind, eine Chance zu geben.

Wenn Sie an das Beispiel mit den lachenden Frauen denken (Seite 59) und den aus der Wahrnehmung des Lachens resultierenden negativen Gedanken „Die lachen bestimmt über mich", würde das bedeuten:

Sie schauen sich in der Situation um und überprüfen diesen negativen Gedanken. Durch diese Situationsprüfung sehen Sie den hoppelnden Fahrschulwagen und entwickeln den positiven alternativen Gedanken: „Die lachen über das Auto." Dadurch verändert sich Ihr Gefühl in der Situation und Sie werden sich auch anders verhalten, vielleicht aufrechter gehen oder auch lachen. Das heißt, es besteht eine Wechselwirkung zwischen den Komponenten. Gedanken beeinflussen Gefühle und Verhalten, das ist aber auch umgekehrt der Fall.

Bevor wir uns der nächsten Komponente zuwenden, möchten wir Sie bitten, die Entwicklung alternativer Gedanken zu üben. Hilfreich kann dabei die Auflistung typischer Denkfallen sein. Sie können sich diese Denkfallen in der Abbildung 13 noch einmal ansehen, bevor Sie beginnen, Ihre eigenen automatischen Gedanken in die verschiedenen Kategorien einzuordnen. Sie haben auf dem Arbeitsblatt 7 schon einmal negative Gedanken für verschiedene Situationen aufgeschrieben. Nutzen Sie das Arbeitsblatt 7, um zu prüfen in welche Kategorie (selektive Wahrnehmung, magisches Denken, alles-oder-nichts-Denken) der Gedanke gehören könnte.

Wie so eine Einteilung der Gedanken aussehen kann, haben wir für Sie in Abbildung 13 dargestellt. Lesen Sie sich die Beispiele durch und benutzen Sie dann das Arbeitsblatt 8 dazu, Ihre eigenen Gedanken einzutragen und zuzuordnen.

Im nächsten Schritt möchten wir Ihnen helfen, diese negativen Gedanken zu hinterfragen und möglichst positive oder neutrale Gedanken zu finden, welche langfristig die negativen, automatischen Gedanken ersetzen sollen. Es gibt dafür verschiedene Techniken, wie Gedanken zu stoppen oder im Kopf zu diskutieren und durch neutrale oder positive „Gegen-Gedanken" zu ersetzen. Dazu ist es zunächst wichtig, zu wissen, in welche Denkfalle Sie geraten sind, um den passenden „Gegen-Gedanken" dazu zu finden. Wenn Sie zum Beispiel den Gedanken haben „Ich habe zwei Kilogramm zugenommen, weil ich *gestern* nicht im Fitness-Studio war" ist das „Gegenargument" „ach, ich darf ja auch mal faul sein" sicher nicht ganz passend, da der Gedanke ja darauf basiert, dass Sie die Ursache für die Gewichtszunahme in diesem Fall zwei eigentlich relativ unabhängigen Begebenheiten zuschreiben (magisches Denken) und nicht darauf, dass Sie denken, wenn Sie einmal faul sind, werden Sie immer faul bleiben, was eher eine Verallgemeinerung wäre.

Um besser zu verstehen, wie es aussehen kann, positive bzw. realistische Gedanken zu formulieren und damit den entsprechenden negativen Gedanken zu verändern, finden sich in Abbildung 14 einige Beispiele zur Bearbeitung negativer Gedanken.

Automatische Gedanken und Fehlerkategorien

automatischer Gedanke	Fehlerkategorien					
	selektive Wahrnehmung	Verallgemeinerung	Übertreibung	Alles- oder- Nichts- Denken	Personalisierung	Magisches Denken
Wenn ich dünn bin, interessieren sich die anderen mehr für mich. Deshalb muss ich dünn sein, um beliebt zu sein.		X	X			
Die anderen haben bestimmt über mich gelacht, weil ich so dick bin.	X					X
Wenn ich nicht alles perfekt mache, bin ich ein Versager.				X		
Wenn ich dünn bin, bin ich glücklicher.	X					
Ich habe den Job nicht bekommen, weil ich so unattraktiv bin.					X	
Wenn ich Fleisch esse, werde ich fett werden.			X			

Abbildung 13: Automatische Gedanken und Fehlerkategorien

Arbeitsblatt 8: Automatische Gedanken und Fehlerkategorien

Bitte tragen Sie in diese Tabelle Ihre eigenen „automatischen Gedanken" ein und kreuzen Sie die dazugehörige Fehlerkategorie an. Dies soll Ihnen helfen, typische kognitive Fehler bei sich zu entdecken und zu verändern.

automatischer Gedanke	Fehlerkategorien					
	selektive Wahr-nehmung	Verallge-meinerung	Über-treibung	Alles-oder-Nichts-Denken	Persona-lisierung	Magisches Denken

Fehlerkategorien

automatischer Gedanke	selektive Wahrnehmung	Verallgemeinerung	Übertreibung	Alles-oder-Nichts-Denken	Personalisierung	Magisches Denken

Negative Gedanken	Angemessenere Gedanken
„Ich möchte so schnell wie möglich abnehmen, deshalb werde ich morgen fasten."	„Nach einer Diät werde ich sofort wieder zunehmen. Deshalb sollte ich meine Eßgewohnheiten grundlegend ändern."
„Ich mag meinen Körper nicht und kann mich selbst nicht leiden."	„Es gibt auch schöne Dinge an meinem Körper und an mir als Person."
„Ich spüre ein großes Verlangen nach Essen und würde am liebsten alles in mich hineinstopfen."	„Ich kann meine Zeit für schönere Dinge nutzen, anstatt sie mit ständigem Essen und Erbrechen zu vergeuden. Außerdem wird es mir danach wieder schlecht gehen."
„Wenn ich abnehme, interessieren sich die anderen mehr für mich."	„Das ist eine typische Denkfalle. Niemand mag mich als Mensch, nur weil dünn bin."
„Ich werde dick, wenn ich etwas esse, deshalb muss ich standhalten und darf nichts essen."	„Essen ist etwas Lebensnotwendiges. Wenn ich nicht mehr esse, als ich Hunger habe, dann werde ich auch nicht dick werden."
„Ich wollte doch gar nichts essen. Ich merke beim Sitzen meinen vollen Bauch und würde jetzt gerne erbrechen."	„Der Bauch dehnt sich bei allen Menschen nach dem Essen aus und verschwindet wieder, sobald die Nahrung verdaut – ganz von selbst, also ohne Erbrechen."
„Was denken die Leute hier wohl von mir? Ich habe Angst, zu versagen. Wenn ich gut aussehe, mögen mich die anderen."	„Weil ich mir ständig Sorgen darum mache, was andere Leute von mir denken, genieße ich die Zeit mit ihnen gar nicht richtig. Ich sollte versuchen, einfach ich selbst zu sein. Außerdem muss mich nicht jeder mögen."

Abbildung 14: Beispiele für Gegenargumente zu negativen Gedanken

Solche automatischen negativen Gedanken treten meist in typischen Situationen auf und setzen eine Abfolge negativer Gedanken in Gang. Dies nennt man auch Gedankenkette. Um überhaupt in die Lage zu kommen, den negativen Gedanken etwas positives bzw. neutrales entgegensetzen zu können, ist es wichtig, in Situationen, in denen diese Gedanken auftreten, die Gedankenkette zu unterbrechen. Die bereits benannten Änderungsstrategien sowie noch einige andere Techniken möchten wir Ihnen in der Abbildung 15 vorstellen.

Hilfen zur Unterbrechung automatischer Gedanken

1. Techniken zur Unterbrechung: Da negative Gedanken meist automatisch kommen, sollten diese so schnell wie möglich unterbrochen werden. Hier sind einige Techniken zur Änderung negativer Gedanken erklärt:

Gedankenkontrolle: Wenn Sie merken, dass Sie in negativen Gedanken versunken sind, sagen Sie sich den Satz „Ich höre jetzt auf, darüber nachzudenken." Lenken Sie gleich anschließend Ihre Gedanken auf etwas Positives.

Stop-Zeichen: Rufen Sie bei negativen Gedanken laut aus: „Stop" oder stellen Sie sich ein großes Stopschild vor. Damit unterbrechen Sie vor allem durch die Lautstärke sofort den Gedankenfluss. Probieren Sie es mehrmals.

Wendemarker: Tragen Sie ein Gummiband am Handgelenk und schnipsen sich kurz damit, sobald unangenehme Gedanken auftreten. Denken Sie gleich anschließend an etwas Positives, wie zum Beispiel ein besonderes Erlebnis im Urlaub.

Erinnerungsmarker: Setzen Sie sich Signale für das positive Denken. Kleben Sie bspw. Post-its an verschiedene Stellen in Ihrer Umgebung (Schranktür, Spiegel, Geldbörse) und denken Sie immer an etwas Schönes, wenn Sie an diesen vorbeigehen oder sie sehen. Sie können auch ein Gegenargument oder eine schöne Situation darauf notieren.

2. Negative in positive Gedanken wandeln: Sie können Ihr Denken verändern, indem sie einen negativen Gedanken positiver formulieren und sich diesen Gedanken vorsagen.

Negativer Gedanke:		**Positiver Gedanke:**
„Ich bin unattraktiv für andere."	*sich vorsagen*	„Ich bin Okay."
„Ich bin nicht so gut wie die anderen."		„Das habe ich gut gemacht."

Abbildung 15: Hilfen zur Unterbrechung

Wie diese eingesetzt werden können, schildert Frau S. in dem folgenden Beispiel:

Fallbeispiel Frau S.

Also, wenn ich zum Beispiel in meinem Fitness-Studio bin und mich beim Aerobickurs die ganze Zeit im Spiegel betrachten muss, dann gehen mir ständig diese blöden Gedanken im Kopf herum „Du bist zu fett, ab morgen machst du Diät", es ist schrecklich. Ich verliere jeden Spaß an dem Kurs und kann mich kaum auf die Musik und die Schritte konzentrieren. Um diese Gedanken loszuwerden, stelle ich mir zunächst ein großes rotes Stoppschild vor und sage mir: „Du hörst jetzt auf, darüber nachzudenken und konzentrierst dich auf den Kurs". Ich mache das mehrmals hintereinander und versuche dann darüber nachzudenken, wo ich das Lied schon mal gehört habe oder ich versuche, die anderen Teilnehmerinnen anzulächeln im Spiegel und zähle die Schritte mit. Oft klappt es ganz gut, so die negativen Gedankenketten zu unterbrechen.

Vielleicht haben Sie sich ja bei einigen der negativen Gedanken aus dem Beispielkasten auf Seite 72 wieder entdeckt. Schauen Sie sich nochmals die da-

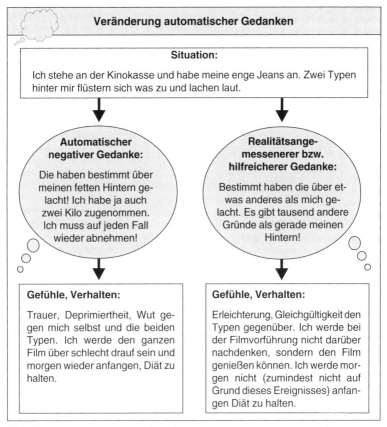

Abbildung 16: Veränderung automatischer Fehler (aus Vocks & Legenbauer (2005) © Hogrefe, Göttingen)

zugehörigen positiven Gedanken an und überlegen Sie, ob das ein für Sie passender Gedanke wäre. In welchen Situationen könnte solch ein automatischer negativer Gedanke bei Ihnen auftreten? Wenn Sie eine Idee dazu haben, stellen Sie sich die Situation einmal bildlich vor:

– Welche möglichen Interpretationen bietet die Situation neben dem automatischen negativen Gedanken?
– Wie realistisch ist Ihr negativer Gedanke?

Überlegen Sie nun, ob es nicht einen Gedanken gibt, der positiver oder neutral ist und besser auf die Situation passen könnte. Wie so etwas aussehen könnte, haben wir exemplarisch in Abbildung 16 beschrieben. Schauen Sie sich das dortige Vorgehen an und versuchen Sie dann für sich Ihre vorgestellte Situation nach demselben Schema zu lösen. Nutzen Sie dazu das *Arbeitsblatt 9*.

Bei der Bearbeitung des Arbeitsblattes ist es wichtig, dass die realistischeren bzw. alternativen Gedanken glaubwürdig sein sollten und Sie auch überzeugen. Wenn Sie das ein paar Mal geübt haben, geht es sicher leichter. Der nächste Schritt ist dann, im Alltag bei auftretenden negativen Gedanken sofort zu überlegen, wie eine angemessene Interpretation aussehen könnte.

Sehen Sie sich nun zunächst die Abbildung 16 zur Veränderung automatischer Gedanken nochmals genau an und gehen Sie dann wie oben beschrieben vor.

Wie sich eine solche Veränderung vollziehen kann, ist in einem Fallbeispiel dargestellt:

Fallbeispiel Petra

Petra: Also, ich war am Dienstag mit Melanie im Kino und hatte meine enge Jeans an. Ich war mir schon ein bisschen unsicher wegen der Hose und habe mich oft gefragt, ob es nicht besser gewesen wäre, wenn ich meinen weiten Rock angezogen hätte. Als wir dann so eine Weile in der Schlange vor der Kinokasse standen, flüsterten sich zwei Typen hinter mir etwas zu und fingen laut an zu lachen. „Die haben bestimmt über meinen fetten Hintern gelacht", schoss es mir sofort in den Kopf und „Hätte ich bloß nicht diese Hose angezogen, wo ich doch zwei Kilo zugenommen habe." Ich habe mir dann gleich vorgenommen, dass ich auf jeden Fall ab morgen Diät mache, um wieder abzunehmen. Die ganze Sache hat mich so bedrückt und mich traurig gemacht, dass ich dem Film gar nicht mehr richtig folgen konnte. Ich habe die ganze Zeit daran gedacht, wie fett ich bin und hatte eine solche Wut auf die beiden Typen. Meine schlechte Stimmung hielt dann

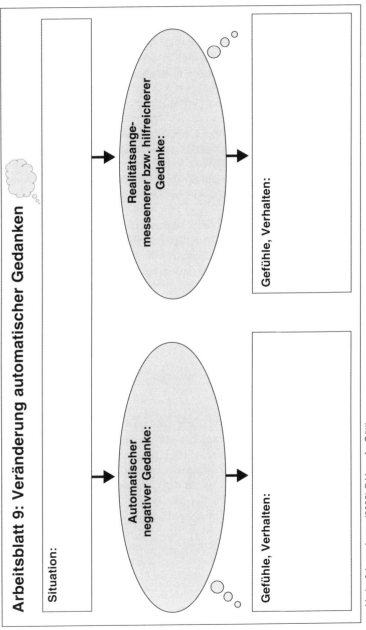

den ganzen Abend an. Ich habe am nächsten Tag gleich wieder mit einer Diät begonnen.

Therapeutin: Sie haben nun sehr deutlich beschrieben wie in einer typischen Situation automatische negative Gedanken auftreten und eine sogenannte Gedankenkette entsteht, und wie diese Gedanken ihre Gefühle und ihr Verhalten negativ beeinflusst haben. Um diese Kette zu unterbrechen, ist es wichtig, dass Sie Ihr Denken verändern, indem Sie anstelle der negativen Gedanken realitätsangemessenere oder hilfreichere Gedanken formulieren und sich diese dann selbst im Kopf vorsagen. Damit können Sie verhindern, dass negative Gefühle wie Traurigkeit und unangemessenes Verhalten, zum Beispiel eine Diät zu machen, entstehen. Überlegen Sie nun einmal, was Sie sich hätten vorsagen können, als die beiden Männer zu lachen anfingen und die beschriebenen negativen Gedanken automatisch bei Ihnen aufgetreten sind?

Petra: Vielleicht, dass sie über einen Witz gelacht haben?

Therapeutin: Ja, genau dies könnte der Fall gewesen sein. Es gibt aber noch sehr viele andere Möglichkeiten. Wäre es für Sie denn plausibel, dass die beiden Männer über einen Witz gelacht haben?

Petra: Ja, schon.

Therapeutin: Dann formulieren Sie bitte diese Annahme als Gedanken, der dann der Realität näher kommen würde.

Petra: Ich könnte mir denken: „Die haben bestimmt über etwas anderes als mich gelacht. Es gibt tausend andere Gründe als gerade meinen Hintern!"

Therapeutin: Sehr gut. Nun schließen Sie einmal Ihre Augen und stellen Sie sich bitte die Situation vom Dienstag noch einmal ganz genau vor. Sie stehen in der Schlange vor der Kinokasse ... hinter Ihnen wird geflüstert ... es wird gelacht. Ihnen schießen die Gedanken „Die haben bestimmt über meinen fetten Hintern gelacht. Ich habe ja auch zwei Kilo zugenommen. Ich muss auf jeden Fall wieder abnehmen!" durch den Kopf. Jetzt sagen Sie sich sofort Ihren realitätsangemesseneren Gedanken vor „Die haben bestimmt über etwas anderes als mich gelacht. Es gibt tausend andere Gründe als gerade meinen Hintern!" Lassen Sie diese Gedanken einen Moment auf sich einwirken ... Wie fühlen Sie sich nun?

Petra: Ich fühle mich erleichtert. Die Typen hinter mir sind mir gleichgültig.

Therapeutin: Gut, Sie sind nun erleichtert. Wie wird der Abend jetzt verlaufen?

Petra: Ich werde den Film genießen können, weil ich nicht grübele oder traurig bin. Ich werde auch keine Diät beginnen.

Therapeutin: Sehr schön. Diese Vorstellungsübung sollte Ihnen verdeutli-

chen, wie Sie automatische negative Gedanken verändern und deren Konsequenzen verhindern können. Es wäre schön, wenn Sie versuchen, Ihr
Denken auf diese Weise in ähnlichen Situationen Ihres Alltages zu verändern.

5 Den Körper anders sehen lernen

Viele Menschen, die an einer Essstörung leiden, lehnen ihren Körper ab. Sie behandeln ihn nicht als Teil ihrer selbst, sondern als ein verhasstes Objekt, einen Feind, den sie am liebsten los sein würden. Sie verweigern ihm Nahrung, treiben ihn bis zur Grenze der Leistungsfähigkeit, beobachten, kritisieren und bekämpfen ihn und seine Bedürfnisse ständig.

Vielen fällt es schwer, ihren Körper zu betrachten, ihn zu berühren und sich mit ihm zu beschäftigen. Häufig wird der Körper auch ganz anders wahrgenommen, als er eigentlich ist. Selbst mit einem extrem niedrigen Gewicht empfinden einige Menschen mit Essstörungen ihren Körper noch als zu dick. Immer ist eine Stelle zu finden, die ihnen noch „zu fett" erscheint und den Aufwand von Hunger, Brechen, Abführmitteln oder exzessivem Sport rechtfertigt. Ihren Körper annehmen und akzeptieren lernen heißt, sich von den Idealvorstellungen der anderen, wie Medien, Familie, Freunde, und Ihren eigenen, zu lösen und den Körper erst einmal kennen zu lernen. Den Körper mögen und akzeptieren ist daher ein wichtiger Schritt bei der Veränderung des negativen Körperbildes.

Wir haben bislang versucht, Ihnen aufzuzeigen, welche Zusammenhänge es zwischen einem mangelnden Selbstwertgefühl und der Ablehnung des eigenen Körpers gibt und welche Schwierigkeiten daraus resultieren können. Wir sind darauf eingegangen, dass verschiedene negative Einstellungen dazu führen können, dass Sie sich immer wieder in Ihren negativen Annahmen bestätigen. Sie haben gelernt, wie Sie diese automatischen negativen Gedanken erkennen und welche Grundannahmen dahinter stecken können.

In diesem Kapitel nun soll es darum gehen, die Zusammenhänge zwischen den Gedanken, Gefühlen und der Wahrnehmung in Bezug auf den Körper aufzugreifen und im Anschluss daran die Auswirkung auf das Verhalten zu betrachten. In der Abbildung 17 sind daher zunächst nur die ersten drei Komponenten – Wahrnehmung, Gedanken, Gefühle – dargestellt, da diese zunächst im Mittelpunkt stehen.

Um Einflüsse von Wahrnehmung, Gedanken und Gefühlen aufeinander nochmals zu verdeutlichen, werden wir Sie bitten, verschiedene Übungen

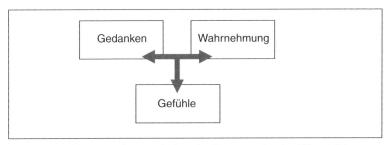

Abbildung 17: Zusammenhang zwischen den Komponenten des Körperbildes

durchzuführen. Die Übungen beinhalten die Auseinandersetzung mit dem Körper auf der Wahrnehmungsebene – z.B. sich im Spiegel anschauen oder auf Video aufzeichnen und sich dann zu betrachten. Diese Übungen werden intensive Gefühle auslösen und wahrscheinlich auch mit negativen Gedanken einhergehen. Sie haben bis jetzt gelernt, wie Sie negative Gedanken verändern können. Dies soll jetzt anhand von Spiegel- und Videoübungen auf die Wahrnehmung des Körpers übertragen werden. Ziel der Übung ist es, Ihr jetziges Bild von Ihrem Körper zu überprüfen und Vermeidungsverhalten durch das Betrachten des eigenen Körpers zu überwinden.

5.1 Die Vogel-Strauß-Technik ... Was ist eigentlich Vermeidungsverhalten

Bevor es nun tatsächlich mit dem Üben losgeht, möchten wir noch einmal die verschiedenen Arten von körperbezogenem Vermeidungsverhalten und dessen Folgen verdeutlichen.

Körperbezogenes Vermeidungsverhalten kann sich nicht nur darauf beziehen, sich nicht im Spiegel anzuschauen. Es kann viel weitreichender sein. Durch das negative Körperbild kann es zu Einschränkungen der Lebensqualität in den verschiedensten Bereichen kommen. Das können zum einen Tätigkeiten wie ins Schwimmbad gehen sein, aber auch die Vermeidung von Orten wie Sammelumkleidekabinen beim Schulsport oder die Sauna. Ein weiteres körperbezogenes Vermeidungsverhalten kann darin liegen, statt das Ansehen zu vermeiden, sich ständig mit dem Körper zu beschäftigen und mögliche Veränderungen zu überprüfen. Das Vermeiden liegt dann darin, negative Gefühle in Bezug auf den Körper zu vermeiden, indem ständige Kontrolle ausgeübt wird oder Rückversicherungen eingeholt werden. Beispiele für ständiges Kontrollieren sind häufiges Wiegen, wie nach jedem Essen, Abmessen des Körperumfanges etc. Rückversicherungen sind meist Nachfragen bei Freunden, beim Partner oder bei der Familie, ob das Kleidungsstück gut aussieht oder ob man zugenommen hat und ähnliches. Auch die Vernachlässigung der Körperpflege könnte darauf zurückgehen, dass es der/die Betroffene nicht mehr erträgt, sich nackt wahrzunehmen oder im Spiegel anzusehen oder den eigenen Körper zu berühren.

Kurzfristig sind all diese Verhaltensweisen entlastend, da sie dazu führen, sich nicht den unangenehmen Gefühlen auszusetzen, die im Zusammenhang mit der Beschäftigung mit dem eigenen Körper auftreten (zum Beispiel beim Eincremen), langfristig jedoch kommt es dazu, dass sich das negative Körperbild verfestigt. Das ist so, als ob man aus Angst vor dem Bohren nicht zum Zahnarzt geht, weil man weiß, dass es unangenehm wird. Kurzfristig ist man dann erleichtert und kann die Zahnschmerzen verdrängen, aber langfristig werden die Löcher immer größer. Es entsteht also eine Art „Teufelskreis", da die negativen und oft auch wenig realistischen Vorstellungen so niemals korrigiert werden können, da durch das Vermeiden nicht die Erfahrung gemacht werden kann, dass die Situation gar nicht so schlimm ist, wie erwartet.

Wie das bei Frau S. passiert ist, ist in folgendem Fallbeispiel zu sehen:

Fallbeispiel Frau S.

Angefangen hat es damit, dass ich in der Disco immer das Gefühl hatte, dass mich alle anstarren, wenn ich tanze. Ich habe mich dann nicht mehr getraut, enge Kleider anzuziehen, wenn ich tanzen gegangen bin. Damit habe ich mich aber noch unwohler gefühlt, weil ich dachte, dass ich jetzt noch mehr auffalle, weil alle anderen ja so schick angezogen waren. Ich bin dann zuerst noch mit meinen Freunden mitgegangen und habe aufs Tanzen verzichtet. Aber das hat dann überhaupt keinen Spaß mehr gemacht. Und irgendwann bin ich nicht mehr mitgegangen und dann haben die mich auch nicht mehr gefragt. Damals dachte ich, dass denen das mit mir bestimmt peinlich war und sie froh waren, als ich von selbst nicht mehr mitgegangen bin.

Wie Sie also in diesem Beispiel gut sehen können, entsteht durch negative Gedanken und falsche Interpretation der Ursachen für das Unwohlfühlen Vermeidungsverhalten, dass zu einer Bestätigung der negativen Annahmen führt. Um sowohl die negativen Annahmen als auch das Vermeidungsverhalten ab-

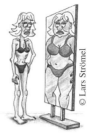

© Lars Strömel

zubauen, ist es wichtig, die Einstellung zum Körper zu verändern. Dazu möchten wir Ihnen, bevor wir mit der Durchführung der Übungen beginnen, erklären, warum Spiegelübungen und Videoaufzeichnungen in der Behandlung der Körperbildstörung wichtig sind. Im folgenden Kasten sind daher allgemein die Vorgehensweise und die Hintergründe dieser so genannten Expositionsbehandlungen erläutert.

Kasten 7: Expositionsübungen in der Behandlung des negativen Körperbildes

1. Was sind Expositionsübungen und welches Ziel haben sie?

Expositionsübungen bedeuten, dass man sich der Situation aussetzt, in der man Angst hat. Wenn Sie zum Beispiel Angst vor Höhe haben, würde das bedeuten, dass Sie auf einen Turm gehen und sich dort Ihrer Angst vor Höhe stellen.

Bezogen auf ein negatives Körperbild heißt das, dass Sie sich verschiedenen Situationen, die mit dem Körper zusammenhängen, aussetzen, die Sie sonst vermeiden. Ziel einer solchen Konfrontation ist das Aushalten und dadurch der Abbau der negativen Gefühle, so dass die Situation von mal zu mal besser auszuhalten ist und keine oder nur noch geringe negative Gefühle erzeugt. Dadurch können Verhaltensweisen wie das Meiden von Schwimmbädern, etc. abgebaut werden. Zusätzlich können automatische negative Gedanken in Bezug auf den eigenen Körper aufgedeckt werden und analog der Vorgehensweise im vorangegangenen Kapitel in realitätsangemessenere bzw. hilfreiche Alternativgedanken umgewandelt werden.

Das Vorgehen basiert auf der Annahme, dass sich die betroffenen Personen als dicker oder unattraktiver einschätzen als sie tatsächlich sind. Da die Betroffenen es meist als sehr unangenehm erleben, den vermeintlich zu dicken Körper zu betrachten, vermeiden sie es, sich mit ihm auseinander zu setzen. Das hat zur Folge, dass das verzerrte Körperbild nicht hinsichtlich der Realitätsangemessenheit überprüft wird. Durch das Betrachten des eigenen Körpers soll nun dieses Bild korrigiert und ein realistischeres Körperbild entstehen.

Ein weiteres Ziel der Körperkonfrontationsübungen kann darin liegen, nicht nur auf die vermeintlich negativen Aspekte des eigenen Körpers zu achten, sondern zunehmend entgegen der Gewohnheit auch auf bisher wenig beachtete positive Eigenschaften zu achten und diese in die Bewertung des eigenen Körpers einzubeziehen: Das ist besonders wichtig, da die Bewertung des eigenen Körpers oft extrem hohen Ansprüchen unterworfen ist und sich fast ausschließlich auf die Eigenschaften dick-dünn bezieht. Die Betroffenen sollen durch die Expositionsübung darin unterstützt werden, sich mit dem eigenen Körper anzufreunden und ihm gegenüber positive Gefühle zu entwickeln.

Je nachdem, welches der Ziele (Angstreduktion oder Aufmerksamkeitslenkung auf positive Aspekte) im Vordergrund steht, wird ein unterschiedliches Vorgehen gewählt. Steht die Angstreduktion im Vordergrund, weil zum Beispiel sehr viele Situationen vermieden werden, würde die Aufmerksamkeit der betroffenen Person v.a. auf die als negativ bewerteten und angstbesetzten Körperteile gelenkt werden. Steht eher die Veränderung der Wahrnehmung im Vordergrund, wird genau das nicht getan, sondern auf den Einbezug weiterer (positiver) Attribute jenseits der Dimension „dick-dünn" geachtet.

2. Wie funktioniert die Exposition?

Übungen zur Reduktion der unangenehmen Gefühle (also die längere Beachtung der negativen Körperteile) basieren auf der Annahme, dass bei der Konfrontation ein negatives Gefühl (z.B. Angst) entsteht, das durch körperliche Vorgänge wie gesteigerte Herzrate, Muskelanspannung usw. gespürt wird. Der menschliche Körper ist nun nicht dazu gebaut, diese Anspannung auf Dauer zu ertragen, das heißt, irgendwann macht der Körper „schlapp" und reduziert das körperliche Anspannungsniveau wieder. Damit geht auch das „gefühlte negative Erleben" zurück. Konfrontationsübungen machen sich diesen Mechanismus zu nutze: die Betroffenen schauen so lange in den Spiegel, bis das Anspannungsgefühl vorbeigeht und nicht mehr als so unangenehm erlebt wird. Je öfter also die Körperkonfrontation durchgeführt wird, desto weniger bedrohlich wird sie erlebt, bis schließlich beim Blick in den Spiegel keine Angst oder nur noch wenige unangenehme Gefühle auftreten. Man könnte auch von einem „Abhärtungseffekt" sprechen, ähnlich dem, wenn man in kaltes Wasser springt, das anfangs sehr unangenehm ist, bis sich der Körper an den Kältereiz gewöhnt hat. Diese „Abhärtung" oder Gewöhnung soll durch die Konfrontationsübung erreicht werden.

3. Wie geht man bei einer Exposition vor?

Es gibt zwei unterschiedliche Möglichkeiten, eine Exposition durchzuführen – nämlich mit der schwersten oder der leichtesten Angstsituation anzufangen.

Zunächst muss man überlegen, welche Situationen überhaupt vermieden werden und welche Gedanken und Gefühle damit in Zusammenhang stehen. Als nächsten Schritt ordnet man diese Situationen nach ihrer Schwierigkeit in einer Hierarchie ein.

Sind die Situationen in einer Hierarchie geordnet, entscheidet man sich für die entsprechende Methode (schwerste Situation zuerst oder langsames, gestuftes Vorgehen von der leichtesten zur schwierigsten Situation). Beide Vorgehensweisen haben Vor- und Nachteile:

Beginnt man mit der schwierigsten Situation, ist die Hemmschwelle zur Durchführung zunächst viel höher. Auch kann es hier eher zu einem Abbruch der Übung kommen, da sich die betroffene Person vielleicht überfordert fühlt. Durch den Abbruch wird die Angst zwar kurzfristig gesenkt, kann langfristig aber nicht bewältigt werden. Dies würde als Misserfolg erlebt und könnte dazu führen, dass das Vermeidungsverhalten verstärkt wird. Gelingt es, die Angst in der Situation auszuhalten und zu spüren, dass sie sich verringert, ist das eine sehr positive Erfahrung und kann dazu führen, dass das Vermeidungsverhalten deutlich schneller aufgegeben wird. Diese Vorgehensweise sollten Sie allerdings nur in Zusammenarbeit mit einem Therapeuten durchführen. Es ist wichtig, die Exposition gut zu planen, damit sie gelingt und kein Misserfolgserlebnis wird. Bei der Konfrontation mit dem eigenen Körper könnte so eine Situation eine Spiegelübung in Unterwäsche sein.

Beginnt man mit der leichtesten Situation, ist die Angst vielleicht so gering, dass kein spürbarer Abfall der negativen Gefühle vorhanden ist, was ebenfalls dazu führt, dass das Vermeidungsverhalten nicht verändert wird. Ein anderer Nachteil ist, wenn die betroffene Person das Gefühl hat, die Situation nur bewältigt zu haben, weil sie nicht so schwierig war und deshalb keine Verallgemeinerung auf andere Situationen erfolgen kann. Außerdem kann es bei diesem gestuften Vorgehen sehr lange dauern, bis man bei der schwierigsten Situation angekommen ist. Es ist daher ratsam, falls Sie einen Therapeuten haben, gemeinsam zu besprechen, welche Situation als erste angegangen werden sollte, um einen ausreichenden Schwierigkeitsgrad zu erreichen, dennoch aber ein Erfolgserlebnis zu haben.

Wenn Sie die Übungen selbstständig, d.h. ohne Therapeutin durchführen, ist es daher ratsam, die gestufte Methode zu wählen.

5.2 Übung macht den Meister – Vermeidungsverhalten abbauen

Wir haben Ihnen nun die Hintergründe und Konsequenzen von körperbezogenem Vermeidungsverhalten erklärt und dargestellt, warum Expositionsübungen durchgeführt werden. Wir unterscheiden bei Expositionsübungen in diesem Buch zwischen „Spiegelübungen" und „Außenübungen". Spiegelübungen sind Expositionen, die Sie in vertrauter Umgebung, zum Beispiel zu Hause, durchführen können. Die Aufgabe besteht darin, den eigenen Körper in einem Ganzkörperspiegel zu betrachten und sich an ihn zu gewöhnen, wobei Sie Ihre Einstellung zu Ihrem Körper positiv verändern sollen. Sie dürfen die Übung alleine oder im Beisein einer vertrauten Person, zum Beispiel Ihrer Therapeutin, ausführen. Ihre Erfahrungen, die Sie während der Spiegelübungen sammeln, können die Außenübungen sehr erleichtern. Unter Außenübungen verstehen wir Expositionen, die vor allem darauf abzielen, Vermeidungsverhalten, das in spezifischen Situationen auftritt – wie zum Beispiel einen Schwimmbadbesuch, abzubauen. Um dieses Verhalten zu verändern, ist es notwendig, diese Situationen aufzusuchen, das heißt, dass Sie diese Art von Expositionsübung sehr wahrscheinlich außerhalb ihrer Wohnung oder im Kontakt mit anderen Menschen durchführen werden – daher die Bezeichnung „Außenübung".

Bevor Sie in der Lage sind, solche „Außenübungen" durchzuführen, ist es notwendig, seinen Körper erst einmal kennen zu lernen. Dazu gibt es zwei mögliche Vorgehensweisen, die im Kasten 7 „Expositionsübungen" erklärt sind – zum einen die Gewöhnung daran, den Körper zu betrachten und das negative Gefühl so lange auszuhalten, bis es abgesunken ist und Sie sich mit Ihrem Spiegelbild und damit in Ihrem Körper wieder wohler fühlen, zum anderen das Entdecken positiver Aspekte bei der Betrachtung des eigenen Körpers. In den folgenden zwei Abschnitten werden Ihnen Anleitungen zum Durchführen beider Übungsarten gegeben. Wir beginnen mit der Gewöhnung an das Spiegelbild. Sie sollten erst mit dem zweiten Teil der Spiegelübungen beginnen, wenn Sie sich damit wohl fühlen, Ihr Spiegelbild zu betrachten und dies mit deutlich weniger Anspannung und negativen Gefühlen aushalten können. Es gibt in diesem Abschnitt eine Reihe von Arbeitsblättern, die ganz konkrete Schritte bei der Durchführung einer Spiegelübung vorschlagen und es möglich machen, die Veränderungen im Verlauf mehrerer Übungsdurchgänge und Übungstage zu protokollieren. Nehmen Sie sich ausreichend Zeit zur Planung und Durchführung, nichts ist entmutigender und frustrierender als schief gegangene Übungen vor dem Spiegel.

Spieglein, Spieglein an der Wand … jetzt gilt es

Sie können mit Hilfe des Kasten 8 eigene Expositionsübungen planen und durchführen. Egal, ob Sie eine Spiegelexposition planen oder eine „Außenübung" machen, es ist immer wichtig, für sich verbindlich festzulegen, wann und wo Sie die Übungen durchführen möchten. Dies hat zum einen den Vorteil, dass Sie sich dafür ungestört Zeit nehmen können und die Übungen nicht abbrechen müssen und die Wahrscheinlichkeit, die Übung erfolgreich abzuschließen und eine Veränderung des Gefühls und der Wahrnehmung zu erreichen, steigt. Zum anderen steigt die Wahrscheinlichkeit, dass Sie die Übung überhaupt durchführen, wenn Sie es für sich verbindlicher machen.

Falls die Angst vor solch einer Übung sehr groß ist, können Sie mit sich oder einer Person Ihres Vertrauens einen „Vertrag" darüber abschließen, der Sie dazu verpflichtet, im Laufe der nächsten Woche an folgenden Tagen Expositionsübungen durchzuführen (vgl. *Arbeitsblatt 10*). Wenn Sie diese Übung dann trotz Vertrag nicht durchführen, können Sie sich bei dieser Person zum Beispiel verpflichten, eine bestimmte Aufgabe zu tun. Dies soll Sie dazu motivieren, Ihren „inneren Schweinehund" zu überwinden.

Arbeitsblatt 10: „Ich verspreche mir"

Ich _____ (Name, Vorname)

verspreche hiermit, dass ich die von mir an den unten stehenden

Tagen geplanten Spiegelübungen bzw. Außenexpositionen durchfüh-

ren werde.

_____

Ort, Datum   Unterschrift

Tag	Datum	Zeit	Ort, Art der Übung
1			
2			
3			
4			
5			

Nun folgt ein Beispiel, wie Frau P. die Spiegelübung I durchgeführt hat:

Fallbeispiel Frau P.

Ich fand es unheimlich schwierig, mich überhaupt vor den Spiegel zu stellen. Zum einen, weil ich viel Angst davor hatte, zum anderen aber auch, weil ich mich nicht dazu motivieren konnte, da es ja durchaus Dinge gibt, die mehr Spaß machen. Es hat mir wirklich geholfen, mir im Vorhinein einen Plan zu machen, wann ich diese Spiegelübung durchführe. In der ersten Woche habe ich mir die Spiegelübungen jeweils vormittags eingeplant, wenn ich keine Seminare hatte und wusste, ich muss nicht weg. Ich habe die Übungen die ersten Male vor dem Frühstück gemacht, damit mein Bauch möglichst flach aussieht. Beim dritten Mal habe ich es geschafft, erst zu frühstücken und dann die Spiegelübung zu machen. Das ging dann schon deutlich besser. Im Kopf hatte ich immer, dass es nicht besser wird, aber der Blick auf den Verlaufsbogen (Arbeitsblatt 108) hat mir dann immer gezeigt, dass es von mal zu mal besser geworden ist. Das hat mir geholfen, mich zu überwinden und die nächste Übung anzugehen.

Beim ersten Mal habe ich es so gemacht, wie es in der Anleitung (siehe Seite 89) beschrieben war, ich habe mir den Schlafzimmerspiegel ausgesucht, weil da das Licht weich ist und der Spiegel sehr groß, so dass ich nicht das Gefühl hatte, den „Rahmen zu sprengen", wie das beim Badezimmerspiegel immer ist. Ich habe dann also mit dem Kopf angefangen. Das war schwierig, ich hasse meine Pausbäckchen und da stand ausgerechnet drin, dass man sich ja neutral beschreiben soll. Ich habe ewig gebraucht, bis ich das hingekriegt habe. Aber dann war die Aufregung und Anspannung auch wirklich weniger. Was auch noch schwierig war, war die Reihenfolge beim Betrachten einzuhalten. Ich habe gemerkt, dass ich dazu neige, zuerst auf meine „Lieblingsstellen" zu schauen: Bauch und Oberschenkel. Es ist so schwer, sich im Ganzen zu sehen, und vor allem, sich auf Teile des Körpers zu konzentrieren, die man eigentlich sonst nie wahrnimmt. Ich bin dann vom Kopf zu meinem Hals übergegangen. Der ist sehr lang, was ich auch überhaupt nicht schön finde, aber als ich den neutral beschrieben habe, fand ich ihn auf einmal gar nicht mehr so schlimm. Ich kam mir richtig dumm vor, mich deswegen so anzustellen. An diesem Punkt habe ich mich wieder deutlich angespannter und unwohler gefühlt, weil ich mir so blöde vorkam. Ich habe dann einen Moment gewartet und gemerkt, wie das Gefühl wieder weg ging. Das war eine tolle Erfahrung, zu spüren, dass ich das aushalten kann. Aber richtig schwierig wurde es erst, als ich nach meiner Brust den Bauch beschreiben musste. Ich fand den Bauch, obwohl ich nichts gefrühstückt hatte, ganz dick und aufgebläht. Ich habe dann versucht, ihn möglichst objektiv zu beschreiben. Das hat wieder nicht geklappt. An der Stelle ist es dann richtig anstrengend geworden. Am liebsten hätte ich aufgehört. Mir sind die Tränen in die Augen gestiegen, aber ich habe es tatsächlich ausgehalten und habe die Übung nicht abgebrochen. Ich will mich nicht von meinem Bauch bestimmen lassen. Ich habe dann angefangen, meinen Nabel zu beschreiben und das Muttermal auf der linken Seite. Irgendwann habe ich dann das Gefühl gehabt, dass er gar nicht mehr so aufgebläht aussieht und ich dachte, der ist einfach so, da kann ich nichts dran ändern und dann fiel mir noch der Satz zu den Beispielen negativer Gedanken ein und ich dachte, dass es ganz normal ist, wenn sich der Bauch etwas wölbt … ja und irgendwie hat das alles wirklich geholfen. Der Rest ging dagegen richtig gut. Ich war hinterher erschöpft und ausgelaugt und Hunger hatte ich überhaupt keinen mehr. Aber ich hatte nicht mehr so viel Angst wie vorher und ich war auch ein kleines bisschen stolz auf mich.

Wie Frau P. beschreibt, kann solch eine Spiegelübung anstrengend sein und mit einmal üben ist es nicht getan. Sie sollten, wenn möglich mehrmals wöchentlich bis täglich üben. Nehmen Sie sich Zeit und setzen Sie sich nicht unter Druck.

Wenn Sie sich dazu entschlossen haben, eine Spiegelexposition zu machen, gehen Sie bitte anhand der Anleitung in Kasten 9 vor. Bevor Sie jedoch mit der Expositionsübung anfangen, bearbeiten Sie den Kasten 8. Er soll Ihnen helfen, zunächst festzustellen, wie Sie sich sehen und zu überprüfen, ob sich dies bei der Betrachtung verändert. Es ist wichtig, dass Sie wirklich vorher überlegen und die Fragen beantworten, da sonst keine Überprüfung der Annahmen möglich ist. Im obigen Fallbeispiel beschrieb Frau P., dass sie ihren Hals extrem lang findet und gar nicht leiden kann. Während der Betrachtung hat sich das verändert und sie kam sich deshalb lächerlich vor. Dieses Gefühl ging vorbei und nach der Übung konnte sie feststellen, dass sie ihren Hals gar nicht mehr als so schlimm und auffällig erlebt hat, wie das vor der Übung der Fall war. Es ist daher wichtig, auch die Veränderungen festzuhalten, da diese je nach Abstand der Übungen voneinander nicht immer gleich stabil bleiben, sondern es eine Zeit dauert, bis sich diese neue Sichtweise verfestigt.

Kasten 8: Vorbereitung der Spiegelexposition

Bitte beantworten Sie folgende Fragen, bevor Sie sich im Spiegel betrachten. Überprüfen Sie die Einträge noch einmal, wenn Sie sich im Spiegel betrachtet haben.
Gibt es Unterschiede zwischen beiden Körperhälften? Welche? _____
_____

Welche Teile Ihres Körpers kennen Sie gut, welche weniger? _____
_____

Was fällt Ihnen an der Vorderseite, was an der Rückseite Ihres Körpers auf?

_____

Welche Qualität und Farbe hat Ihre Haut?_____

_____

Was lieben Sie an Ihrem Körper und was stört Sie?_____

_____

Was spüren Sie körperlich?_____

_____

Bitte beantworten Sie diese Frage nach der Spiegelübung: Gab es zwischen, vor und nach der Spiegelübung Unterschiede, in dem, wie Sie sich beschrieben haben?

_____

Im Anschluss ist genau beschrieben, wie die Spiegelexposition durchzuführen ist und was dabei zu beachten ist. Das *Arbeitsblatt 11* ist für Ihre Notizen im Detail während der Exposition. Danach kommt noch der Protokollbogen, der Ihnen die Möglichkeit gibt, über mehrere Tage die Veränderungen über den Verlauf mehrerer Übungsdurchgänge zu führen und festzuhalten, wie sich Ihr Gefühl, Ihr Denken und Ihre Wahrnehmung über die mehrfachen Übungen verändern.

Kasten 9: Anleitung zur Spiegelexposition I

Viele von Ihnen werden ja in der Vergangenheit die Konfrontation mit dem eigenen Körper vermieden haben. Aus diesem Grunde kann diese Übung für Sie anfangs sehr schwierig und belastend sein. Wichtig ist, dass Sie dennoch mit den Übungen fortfahren bzw. sie überhaupt erst in Angriff nehmen, denn es ist zu erwarten, dass es Ihnen langfristig helfen wird, sich Ihrem Körper und den mit der Betrachtung des eigenen Körpers verbundenen Gefühlen zu stellen.
Bereiten Sie alles in Ruhe vor. Die Auswahl der Kleidung, die Beleuchtung und den Ort (Badezimmer, Schlafzimmer, Diele, ...). Sie sollten ungestört sein. Planen Sie genügend Zeit ein, ohne dass Anrufer oder anwesende Personen Sie stören. Legen Sie fest, wie Sie Vorgehen. In dieser Anleitung beginnen wir mit der Beschreibung des Gesichts und gehen dann abwärts alle Körperteile durch. Bitte betrachten Sie nacheinander folgende Körperteile:
– Kopf mit Augen, Nase, Mund, Kinn, Stirn, Wangen, Hals
– Schultern
– Arme mit Ober- und Unterarmen sowie Händen und Fingern
– Beine mit Ober- und Unterschenkeln sowie Knien und Füßen
– Rumpf mit Bauch, Brust, Rücken, Taille, Po
Beschreiben Sie jedes Körperteil einzeln. Achten Sie darauf, neutrale Beschreibungen zu verwenden. Also nicht: „Ich habe schreckliche Pausbäckchen", sondern beschreiben Sie die Form, so wie Sie eine andere neutrale Person beschreiben würde: „Ich sehe einen Kopf, er ist oval bis rundlich. Die Wangen sind eher rundlich geformt, eine kleine Nase mit einem Stupser nach oben, die Augen

liegen tief und sind oval bis rund. Der Ausdruck ist etwas verkniffen, die Frau im Spiegel wirkt skeptisch".

Bevor Sie sich im Spiegel betrachten, schreiben Sie anhand von Kasten 8 auf, was Sie erwarten und überprüfen das im Nachhinein noch einmal.

Zur Hilfestellung können Sie das Arbeitsblatt 11 nehmen und nach der Übung aufschreiben, was genau Sie gesehen haben, während Sie die verschiedenen Körperteile betrachtet haben.

5.3 Die Schokoladenseite entdecken ... durch die rosarote Brille geblickt

Bis jetzt haben Sie im Leben viel Erfahrung damit gesammelt, Ihren Körper von außen zu betrachten, ihn zu kritisieren und zu kontrollieren. Eine Möglichkeit der Annäherung ist daher nicht nur die Auseinandersetzung mit dem Spiegelbild, sondern auch die Aufmerksamkeitslenkung auf positive Aspekte des eigenen Körpers beim Betrachten des Spiegelbildes.

Anhand der bisherigen Übungen konnten Sie sich nun mit ihrem Körper auseinandersetzen und üben, sich mit bisher vermiedenen Körperpartien auseinanderzusetzen. Wenn Sie sich an die Beschreibung über den Sinn von Expositionsübungen erinnern, dann gehörten diese Übungen bisher in den Bereich der Angstverminderung. Im nächsten Schritt möchten wir deshalb mit Ihnen auch noch die zweite Art der Exposition durchführen – die Aufmerksamkeitslenkung auf positive Seiten des Körpers. Diesmal steht also die Beschreibung der positiven Eigenschaften im Vordergrund. Die Materialien sind ähnlich denen aus dem letzten Abschnitt aufgebaut. Beginnen Sie mit der Konzentration auf positive Aspekte erst, wenn Sie die Exposition vor dem Spiegel gut aushalten können.

Im Folgenden ist beschrieben, wie sich Frau S. im Spiegel betrachtet und dabei versucht, positive Aspekte des Körpers zu finden.

Fallbeispiel Frau S.

Ich finde es total unangenehm, mich im Spiegel anzusehen. Ich habe mich zwar schon durch die anderen Übungen daran gewöhnt, aber es ist immer noch irgendwie komisch. Also, wenn ich meinen Kopf anschaue, dann finde ich, dass meine Haare schön sind. Sie sind ziemlich lang geworden im letzten Jahr und berühren meinen Rücken. Ich kann sie fühlen, wenn ich meinen Kopf leicht bewege. Das ist ein sehr angenehmes Gefühl, weil das Haar so weich ist. Außerdem sieht es in dem Licht glänzend aus. Doch, mein Haar gefällt mir wirklich gut. Mein Gesicht – ja, das ist ganz okay. Es ist leicht rundlich, aber ich habe hohe Wangenknochen, die meinem Gesicht ein interessantes und eigenes Aussehen verleihen. Die habe ich von meiner Mutter geerbt. Ja, ich würde sagen, dass ich meine Wangenknochen gerne mag. Im Gegensatz zu meiner Nase. Die ist zu lang und zu groß. Aber ich sollte ja positive Dinge beschreiben. Mal sehen. Also meine Augenfarbe mag ich auch gerne. Die sind je nach Stimmung grau-grün oder grün-blau. Ich kann das gar nicht so richtig zuordnen. Aber ich mag das, dass die nicht langweilig sind. Mein Hals, ja, der ist okay, nicht zu kurz oder zu lang. Kann ich eigentlich nicht viel zu sagen. Meine Schultern, die sind zu rund und fallen zu sehr ab. Aber schlimm ist das nicht. Meinen Brustansatz mag ich gerne, der sieht irgendwie gut aus. Ansonsten finde ich, dass ich zu viel Busen habe. Das mag ich gar nicht. Mein Bauch. Kein Kommentar. Na ja, vielleicht doch – ich mag meine Taille, wenn ich von vorne schaue, dann habe ich eine richtig schöne weibliche Taille. Und ich mag meinen Bauchnabel, der ist klein und rund und sieht niedlich aus. Meine Beine … ich finde meine Knie ganz schön. Die sind nicht so knubbelig wie bei anderen Leuten, sondern ja, einfach ganz nett. Und meine Fesseln mag ich. Die haben eine schöne Form. Besonders, wenn ich etwas höhere Schuhe anhabe. Ach ja und dass meine Oberschenkel muskulös aussehen, das mag ich auch. Meine Hände mag ich auch, die Finger sind sehr schlank und lang und die Nägel sind gesund. Also eigentlich mag ich doch ein paar Dinge an mir. Aber mein Bauch und mein Po und meine Hüfte, das fällt mir wirklich schwer, da etwas positives zu finden.

Wenn Sie die Spiegelübung mit Fokus auf positive Aspekte durchführen möchten, gehen Sie bitte nach der Anleitung in Kasten 10 vor:

Kasten 10: Anleitung zur Spiegelexposition II

Bitte nehmen Sie sich Zeit für diese Übung. Bereiten Sie alles in Ruhe vor. Die Auswahl der Kleidung, die Beleuchtung und den Ort (Badezimmer, Schlafzimmer, Diele, ...). Sie sollten ungestört sein. Planen Sie genügend Zeit ein, ohne dass Anrufer oder anwesende Personen Sie stören. Legen Sie fest, wie Sie vorgehen. In dieser Anleitung beginnen wir mit dem Gesicht und gehen dann abwärts alle Körperteile durch. Bitte betrachten Sie nacheinander folgende Körperteile:
– Kopf mit Augen, Nase, Mund, Kinn, Stirn, Wangen, Hals
– Schultern
– Arme mit Ober- und Unterarmen sowie Händen und Fingern
– Beine mit Ober- und Unterschenkeln sowie Knien und Füßen
– Rumpf mit Bauch, Brust, Rücken, Taille, Po
Beschreiben Sie jedes Körperteil einzeln. Achten Sie darauf, diesmal bewusst positive Beschreibungen zu verwenden. Also zum Beispiel „Wenn ich meinen Kopf ansehe, dann fallen mir als erstes meine schönen großen Augen auf. Sie sind blau und ich mag diese Farbe sehr gerne. Sie haben etwas Strahlendes. Das gefällt mir." Schreiben Sie im *Arbeitsblatt 12* auf, was Sie an welchen Körperteilen mögen.

Arbeitsblatt 11: Notizen bei der Spiegelexposition

Bitte füllen Sie das Blatt aus, nachdem Sie sich im Spiegel betrachtet haben. Wie haben Sie die einzelnen Körperteile wahrgenommen?

	Augen	
	Nase	
	Mund	
Kopf	Kinn	
	Stirn	
	Wangen	
	Hals	
Schultern		
	Oberarme	
	Unterarme	
Arme	Hände	
	Finger	

Beine	Ober- schenkel
	Unter- schenkel
	Knie
	Füße
Rumpf	Bauch
	Brust
	Taille
	Rücken
	Po

aus Legenbauer & Vocks (2005) © Hogrefe, Göttingen

Arbeitsblatt 12: Positive Seiten entdecken –
Notizen bei der Spiegelexposition

Bitte füllen Sie das Blatt aus, nachdem Sie sich im Spiegel betrachtet haben. Wie haben Sie die einzelnen Körperteile wahrgenommen?

	Augen	
	Nase	
	Mund	
Kopf	Kinn	
	Stirn	
	Wangen	
	Hals	
Schultern		
	Oberarme	
	Unterarme	
Arme	Hände	
	Finger	

Beine	Ober-schenkel
	Unter-schenkel
	Knie
	Füße
Rumpf	Bauch
	Brust
	Taille
	Rücken
	Po

5.4 Von einem, der auszog, das Fürchten zu lernen ... Außenübungen

Sie haben nun gelernt, Ihren Körper im Spiegel zu betrachten und positive Seiten zu entdecken. Das ist eine wichtige Vorrausetzung für die weitere Arbeit am körperbezogenen Vermeidungsverhalten. Es gibt Ihnen Sicherheit und eine Grundlage, um sich mit den Außenübungen zu beschäftigen.

Der nächste Schritt ist nun, sich über das eigene Vermeidungsverhalten Gedanken zu machen, um mögliche neue Expositionsübungen zu planen. Auf den folgenden Seiten geht es daher zuerst darum, das eigene Vermeidungsverhalten aufzudecken und eine Reihenfolge hinsichtlich des Schwierigkeitsgrades, den die Situationen für Sie haben, zu erstellen. Der danach folgende Abschnitt leitet Sie dann an, Expositionsübungen zu planen und durchzuführen.

Damit Sie nun eigenständig an Ihrem Körperbild arbeiten können, füllen Sie zunächst einmal das Arbeitsblatt zur Vermeidung von körperbezogenen Situationen (Arbeitsblatt 13) aus. Um sich überhaupt erstmal darüber klar zu werden, welche körperbezogenen Situationen vermieden werden, haben wir für Sie eine Übersicht mit körperbezogenen Situationen erstellt, die von Frauen mit Essstörungen häufig vermieden werden (vgl. Abbildung 18)

Schauen Sie sich zunächst diese Aufstellung an. Gibt es Situationen, die darin aufgezählt sind, die Sie ebenfalls vermeiden?

Bitte versuchen Sie dann, Ihre eigenen Vermeidungssituationen zu beschreiben. Wir haben Ihnen neun verschiedene Bereiche aufgelistet, überlegen Sie für jeden Bereich, ob Sie dort bestimmte Situationen vermeiden und tragen Sie diese im *Arbeitsblatt 13* ein.

Höchst wahrscheinlich haben Sie nun einige Situationen in den verschiedenen Bereichen gefunden, die Sie vermeiden. Die Situationen gehen meistens mit verschiedenen Gedanken und Gefühlen einher und können unterschiedlich schwierig für Sie sein. Wie auf dem Informationsblatt zu Expositionsverfahren beschrieben, ist es möglich, die Übungen so durchzuführen, dass Sie mit einer leichteren Übung anfangen und sich immer weiter zu den schwierigen Situationen vorarbeiten. Wenn Sie keinen Therapeuten haben, würden wir Ihnen empfehlen, eine Hierarchisierung der Situationen vorzunehmen und mit einer leichteren Situation zu beginnen. Um diese Hierarchie zu bilden, nutzen Sie bitte das *Arbeitsblatt 14*. Ordnen Sie die Situationen der Schwierigkeit nach ein.

Beispiele für Vermeidungs- und Kontrollverhalten

Soziale Aktivitäten
– nicht mit Leuten zusammensein, die schlanker / attraktiver / striker Diät halten, als ich selbst
– nicht im Mittelpunkt stehen

Kleidung
– keine figurbetonte Kleidung oder auffällige Kleidung tragen
– nur in perfektem Outfit das Haus verlassen

Tätigkeit
– Nicht Tanzen
– Keinen Sport treiben
– Keinen Sex haben
– Mich keiner körperlichen Untersuchung stellen

Kontrollieren
– mich sehr oft (oder gar nicht) wiegen oder im Spiegel betrachten
– bestimmte Körperteile mit dem Maßband abmessen

Orte
– nicht an den Strand gehen
– Schwimmbad, Sauna, Fitness-Studio & Sammelumkleiden vermeiden

Körperpflege
– nicht ungeschminkt aus dem Haus gehen
– mir keine Mühe geben, gut auszusehen
– mich nicht eincremen

Abbildung 18: Beispiele für Vermeidungs- und Kontrollverhalten (aus Vocks & Legenbauer (2005) © Hogrefe, Göttingen)

Arbeitsblatt 13: Mein körperbezogenes Vermeidungs- und Kontrollverhalten

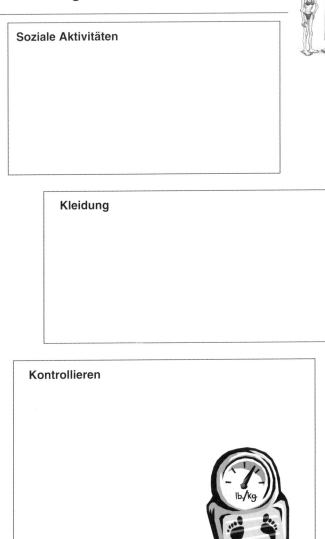

Soziale Aktivitäten

Kleidung

Kontrollieren

Körperpflege

Tätigkeit

Orte

Arbeitsblatt 14: Vermeidungshierarchie

Bitte bringen Sie ausgewählte Situationen aus dem Arbeitsblatt zum körperbezogenen Vermeidungsverhalten in eine Hierarchie. 1 ist die leichteste Situation, 10 die schwierigste Situation.

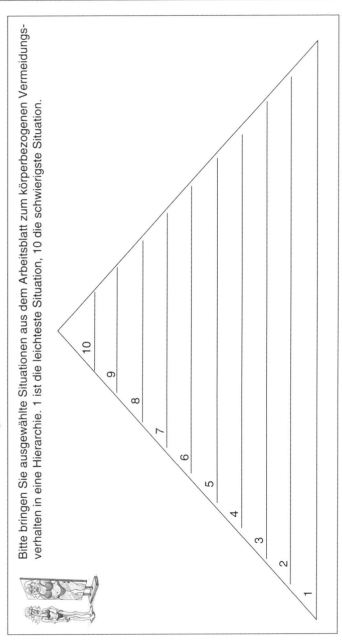

1
2
3
4
5
6
7
8
9
10

aus Legenbauer & Vocks (2005) © Hogrefe, Göttingen

Wir haben hier zwei Fallbeispiele für Sie ausgewählt, die unterschiedliche Herangehensweisen für die Erarbeitung der Vermeidungssituationen und der Hierarchie enthalten.

Fallbeispiel Frau S.

Ich finde mich an manchen Tagen fürchterlich aufgedunsen und dick. An solchen Tagen ziehe ich auf keinen Fall enge Kleidung an. Ich hätte das Gefühl, dass mich dann alle anstarren. Am liebsten bleibe ich an solchen Tagen zu Hause und liege vor dem Fernseher. Wenn ich liege, sieht mein Bauch flacher aus und ich mag mich dann auch gleich lieber. Außerdem neige ich an einem Tag, an dem ich denke, dass mein Bauch furchtbar dick ist, dazu, ständig zu fragen, ob mein Freund mich noch attraktiv findet. Oder ob man sieht, dass ich zugenommen habe.

Wenn ich mir jetzt überlege, was davon Vermeidungs- oder Kontrollverhalten ist, würde ich sagen, dass die Bereiche „Kleidung", „soziale Aktivitäten" und „Rückversicherungen" dabei vorkommen. Am meisten leide ich, glaube ich, darunter, dass ich die Leute in meiner Umgebung ständig fragen muss, ob ich attraktiv bin. Damit mache ich mich so abhängig von deren Meinung und das will ich ja gar nicht. Außerdem sind die anderen dann genervt von der ständigen Fragerei. Ich möchte gerne selbst spüren, dass ich so in Ordnung bin. Wenn ich das ganze also in eine Hierarchie bringen müsste, würde ich das Weglassen der Rückversicherungen als schwierigste Übung bewerten. Dann wäre es ziemlich schwierig, enge Kleidung an solch einem Tag anzuziehen, das würde direkt nach den Rückversicherungen kommen und als letztes das Ausgehen.

Fallbeispiel Frau P.

Mir war gar nicht bewusst, dass ich so viele verschiedene Situationen vermeide, nur, weil ich mich in meinem Körper nicht wohl fühle. Ich zog keine eng anliegende Kleidung mehr an, ging nicht mehr Tanzen oder ins Schwimmbad. Ich wog mich jeden Morgen, um mein Gewicht zu kontrollieren. Ich bestellte Kleidung nur noch beim Versand, um diese schrecklichen Umkleidekabinen zu vermeiden und zog sehr häufig den Bauch ein, damit der nicht so vorsteht.

Für mich war es furchtbar schwierig, eine Hierarchie zu bilden, weil ich mir nicht vorstellen konnte, dass ich eines der oben genannten Dinge überhaupt noch mal tun wollte. Aber letztendlich habe ich mir überlegt, was die Situation jeweils so schwierig macht und damit konnte ich sie schließlich doch in eine Hierarchie bringen:

Am leichtesten würde es mir fallen, den Bauch nicht immer einzuziehen, da ich glaube, dass das sowieso niemand wirklich bemerkt, wenn ich ehrlich zu mir bin. Dann könnte ich mir noch vorstellen, mich nur alle zwei Tage zu wiegen oder vielleicht alle drei. Auch das ist zwar mit Angst verbunden, aber es hat mehr was mit mir zu tun, als mit anderen Menschen und die größte Angst habe ich einfach, angestarrt oder wegen meines Aussehens ausgelacht zu werden. Die nächst schwierigere Übung wäre sicherlich, mal wieder Kleidung in einem Laden anzuprobieren. Ins Schwimmbad zu gehen, wäre für mich am schwierigsten. Da bin ich allen Blicken ausgesetzt und habe kaum Möglichkeiten, mich zu verstecken. Das Tanzen gehen und enge Kleidung anziehen liegt für mich sehr eng zusammen. Wahrscheinlich wäre enge Kleidung leichter, wenn ich sie nur vor meinem Freund in der Wohnung trage. Tanzen vor Publikum, das ist ziemlich schwierig ...

Nachdem Sie die beiden Fallbeispiele gelesen haben, bringen Sie bitte die von Ihnen vermiedenen Situationen in eine Reihenfolge hinsichtlich ihrer Schwierigkeit. Wenn Sie Schwierigkeiten dabei haben, überlegen Sie, was genau die Situation schwierig macht und mit welchen Gefühlen sie verbunden ist. Das kann wie im Falle von Frau S. und Frau P. helfen, die Situationen besser einzustufen.

Wenn Sie diese von Ihnen vermiedenen Situationen aufgelistet haben, können Sie in einem nächsten Schritt überlegen, mit welchen Gedanken und Gefühlen die jeweilige Situation einhergeht. Was genau bringt Sie dazu, diese Situationen zu vermeiden? Es ist wichtig, sich dessen bewusst zu werden, um die Expositionsübungen gut planen und mögliche Schwierigkeiten voraussehen zu können. Diese können eben mit der Situation zusammenhängende negative Gedanken oder Gefühle sein, denen Sie mit vorher erarbeiteten angemessenen Gedanken in der Situation begegnen können.

Sie sollten nun für sich individuelle Vermeidungssituationen erarbeitet und diese Situationen in einer Hierarchie angeordnet haben. Wenn Sie sich dafür entscheiden, neben der Spiegelübung auch andere Vermeidungssituationen aus der Hierarchie anzugehen, sollten Sie bei der Durchführung verschiedene Dinge beachten:

Noch wichtiger als bei der Durchführung der Spiegelübung ist die Planung bei Außenübungen, um Unwägbarkeiten vorzubeugen wie zum Beispiel ein geschlossenes Schwimmbad, wenn Sie üben möchten, sich im Badeanzug zu zeigen und Misserfolgserlebnisse zu vermeiden. Auch sollten Sie versuchen, möglichst ehrlich mit sich selbst zu sein und Expositionsübungen, die im Moment noch zu schwierig sind, besser für später planen. Es hilft Ihnen wenig, wenn Sie sich vornehmen, sich zwei Wochen lang nicht zu wiegen, aber dafür auf andere Methoden der Gewichtskontrolle (z.B. Taillenumfang mit einem Maßband abmessen) zurückgreifen, um die Angst vor einer Gewichtszunahme zu reduzieren. Damit hätten Sie zwar das Wiegeverhalten abgebaut, aber die zu Grunde liegende Angst vor einer Gewichtszunahme bestünde weiter. Als letztes: Das einmalige Durchführen einer Expositionsübung ist nicht hilfreich. Wenn Sie die Übung durchgeführt haben, überdenken Sie, was gut, was nicht so gut war und planen diese Übung für den nächsten Tag / ein nächstes Mal, bis Sie das Gefühl haben, wirklich sicher zu sein und eine deutliche Verminderung der negativen Gefühle eingetreten ist. Es ist wichtig, dass das Aufsuchen dieser Situationen dann später in Ihren Alltag gehört. Sie können die Veränderungen im Protokoll (vgl. *Arbeitsblatt 16*) für Expositionsübungen eintragen und haben damit einen guten Überblick über den Erfolg der Exposition im Verlauf.

In Kasten 11 finden Sie ein Beispiel, wie eine konkrete Planung von Außenübungen aussehen kann. Bevor Sie nun anfangen, ihre individuellen Übungen zum Abbau des körperbezogenen Vermeidungsverhaltens zu planen, schauen Sie sich die folgenden Beispiele an:

Kasten 11: Übungen zum Abbau körperbezogenen Vermeidungs- und Kontrollverhaltens (aus Vocks & Legenbauer (2005) © Hogrefe, Göttingen)

Soziale Aktivitäten
– Ausgehen mit Leuten, die Ihrer Meinung nach eine bessere Figur als Sie haben oder die sehr stark auf das Aussehen anderer achten
– Während der Verabredung: figurbetonte Kleidung tragen, das Thema „Figur"/ „Gewicht" etc. ins Gespräch bringen

Kleidung
– Sich so anziehen, wie Sie es tun würden, wenn Sie rundum mit ihrer Figur zufrieden wären
– Sich jetzt ein schönes Outfit kaufen
– Enge, körperbetonte Kleidung anziehen

Rückversicherung
– Sich keine Rückversicherungen von anderen hinsichtlich des Aussehens holen
– Sich nur auf eigenes Urteil verlassen

Tätigkeit
Vermiedene Tätigkeiten ausführen wie
– Tanzen in der Disco oder auf einem Fest
– Sport treiben (z.B. zu einer „Probestunde" ins Fitnessstudio gehen)
– den lange vermiedenen Besuch beim Gynäkologen durchführen

Kontrollieren
– Nur einmal die Woche wiegen (wenn vorher täglich)
– Sich täglich wiegen (wenn vorher ganz vermieden)
– Sich nur abends nach dem Essen wiegen

Körperpositionen
– Sich so auf einen Stuhl setzen, dass beide Oberschenkel auf dem Stuhl aufliegen

Vergleiche mit anderen
– Vergleiche mit Leuten, die weniger attraktiv sind

Orte
Orte, die Sie bisher vermieden haben, besuchen, wenn realisierbar:
– Besuch in der Sauna, im Schwimmbad oder Fitnessstudio
– Besuch in Bekleidungsgeschäften
– Aufsuchen von Orten, in denen Sie für sich und andere gut sichtbar sind (viele Spiegel, helles Licht)

Körperpflege
– Je nach bisherigem Verhalten könnten Sie „natürlich", d.h. ungeschminkt bleiben, oder aber mal einen Lippenstift oder Wimperntusche auftragen, zum Friseur gehen etc. oder aber sich sehr viel Mühe geben und mit einem neuen Make-up herumexperimentieren

Im Anschluss finden Sie das *Arbeitsblatt 15* (vgl. Fallbeispiel Frau S.) zur Planung einer eigenen Konfrontationsübung und den Protokollbogen für wiederholte Übungen (vgl. *Arbeitsblatt 16*).

In den Protokollbogen tragen Sie bitte nach jeder Übung ein, wann Sie begonnen und aufgehört haben, welche Gedanken und Gefühle vor der Übung bestanden und wie stark die Gefühle waren. Überlegen Sie sich, was an der Übung gut geklappt hat (zum Beispiel „weniger Angstgefühle", „lange ausgehalten" oder „neue positive Aspekte gefunden") und was nicht so gut war (zum Beispiel „abgebrochen" oder „nicht hingekuckt").

Fallbeispiel Frau S.

Genaue Beschreibung der Übung: Ich werde für zwei Stunden ins Freibad gehen und mich dort nicht (wie sonst immer) in meinem Handtuch und im Wasser „verstecken", sondern im Bikini am Beckenrand entlang laufen und mich im Bikini auf das Handtuch legen.

Ort: Stadtbad

Datum und Uhrzeit: Montag, den 23. Juli nach der Arbeit, d.h. 16.00 Uhr

Zu treffende Vorbereitungen: Badesachen direkt zur Arbeit mitnehmen, Sabine anrufen und fragen, ob sie Lust hat mitzukommen.

Mögliche Schwierigkeiten und Strategien, um diese zu überwinden: Wenn es regnet: Die Übung im Hallenbad durchführen. Wenn Sabine keine Zeit hat: Mir etwas zu Lesen mitnehmen. Wenn ich befürchte, mich nicht zu der Übung aufraffen zu können: Mir für hinterher etwas schönes als „Belohnung" vornehmen, um mich zu motivieren.

Das folgende Fallbeispiel zeigt, wie Frau S. ihre Konfrontationsübung plant und durchführt:

Fallbeispiel Frau S.

Mittwoch, 21. Juli: Also, ich plane gerade mit Hilfe des Arbeitsblattes 16 meine eigene Konfrontationsübung – nämlich ins Freibad zu gehen und im Bikini am Beckenrand entlang zu laufen und mich somit den Blicken der anderen auszusetzen. Schon beim Ausfüllen des Arbeitsblattes wird mir ganz mulmig und ich denke, dass ich das nicht schaffen werde, zumal diese Situation in meiner Vermeidungshierarchie ziemlich weit oben steht. Ich denke dann aber daran, dass ich die bisherigen Übungen ja auch gemeistert habe, obwohl ich die Spiegelübungen am Anfang auch total schwierig fand. Ins Freibad bin ich ja früher immer gerne gegangen, aber seitdem ich mich in meinem Körper so unwohl fühle, geht das gar nicht mehr. Wenn die anderen mich angucken, denken sie bestimmt daran, wie fett ich bin. Mensch! Sofort denke ich wieder, dass ich zu fett bin, ganz automatisch. Was könnte ich mir vorsagen? Okay, das ist eine Denkfalle. Es ist ganz normal, dass man angeschaut wird. Die Leute haben sicher etwas besseres zu tun, als gerade mich permanent anzuglotzen. Und wenn mich doch jemand anguckt, so achtet er vielleicht auf meinen neuen Bikini. Der gefällt mir nämlich auch sehr gut. Also, ich gehe am Montag nach der Arbeit ins Stadtbad, d.h. ich muss meine Badesachen gleich mit zur Arbeit nehmen. Ich sollte Sabine anrufen und fragen, ob sie Lust hat mitzukommen. Da fühle ich mich sicherer. Nun, wenn Sabine nicht kann, dann nehme ich mir was zu lesen mit. Falls es regnet, gehe ich ins Hallenbad. Vielleicht sollte ich mir hinterher was Gutes tun. Ich könnte mit Sabine ins Kino gehen. Ja, es gibt da doch eine neue romantische Liebeskomödie, das wäre schön.

Montag, 26. Juli: Ja, nun ist es soweit, Feierabend. Ich gehe ins Freibad. Sabine hat mir gestern leider abgesagt, weil sie heute länger arbeiten muss. Wir treffen uns aber 20.00 Uhr vor dem Kino. Ich habe mir mein neues Buch eingesteckt. Ich fühle mich unwohl, mir liegt ein Stein im Bauch. Ich will nicht ins Bad gehen. Es ist doch auch wieder kälter draußen geworden. Ich hole mir mein Arbeitsblatt heraus und lese es mir noch einmal durch. Ich denke an meinen Vertrag. Den will ich auf jeden Fall einhalten. Okay, ich gehe. Ich schaffe das schon. Ich denke an die Stellen meines Körpers, die ich mag und die ich bei den Spiegelübungen entdeckt habe, an meinen neuen Bikini und an das Wasser. Ja, ich liebe das Wasser, sowie Sonne, Strand und Meer, warum soll ich mir also diese Freude vorenthalten.

Im Stadtbad: Ich habe gerade meinen Bikini angezogen. Ich gehe aus der Umkleidekabine ins Freie. Oh Gott, hier sind so viele Menschen. Ich möchte mich am liebsten verkriechen. Ich will weg von hier. „Hallo, na wie geht es dir?", höre ich es auf einmal neben mir. Da steht nun also Simone vor mir, superschlank und schön. „Kommst du mit ins Schwimmbecken?", fragt sie mich. Ich denke, dass das jetzt nicht wahr sein darf, wenn ich fette Kuh neben Simone am Becken entlang gehe, dann sieht erst recht jeder, wie dick ich bin. Alle werden über mich lachen. „Ja schön, laufen wir gemeinsam", höre ich mich sagen. Ich plaudere auf dem Weg zum Becken mit Simone, sie erzählt mir von ihrem neuen Freund. Ich fühle mich unwohl, ich bin aufgeregt und würde am liebsten im Boden versinken. Wie konnte ich mich bloß auf diese blöde Übung einlassen? Okay, ganz ruhig, ich überlege, wie ich meine Gedankenkette unterbrechen kann. Ich denke jetzt noch einmal daran, dass ich eine schöne Taille habe und die im Bikini gut zur Geltung kommt und daran, dass die anderen Leute hier sicher etwas besseres zu tun haben, als gerade mich anzustarren. Es ist soweit, ich laufe am Beckenrand entlang. Ich beobachte die anderen Menschen. Ich merke, dass mich gar nicht jeder anschaut. Die Leute tollen im Wasser herum, unterhalten sich oder springen vom Turm, da vorne schimpft eine Mutter mit ihrem kleinen Sohn. Die Leute, die mich anschauen, gucken auch gleich wieder weg – kein Anstarren. Ich bin am Ende des Beckens angelangt. Ich bin total erleichtert und freue mich über diese Riesenleistung. Es war doch gar nicht so schlimm, eigentlich ziemlich einfach. Ich lege mich auf mein Handtuch und spüre die warmen Sonnenstrahlen auf meiner Haut. Es ist so schön. Simone ist schon ins Wasser gehüpft. Ich kann es kaum glauben, denn ich habe meine „Außenübung" geschafft. Ich warte noch etwas. Ich genieße diesen Augenblick und das tolle Gefühl. Jetzt springe ich ins Wasser und kühle mich ein bisschen ab. Wie konnte ich mir das nur so lange entgehen lassen?

Vor dem Kino: Ich bin glücklich und entspannt. Ich glaube man sieht mir an, wie ich innerlich grinse. Da kommt auch schon Sabine. Der Film ist toll. Ich verabrede mich für morgen mit Sabine – natürlich fürs Freibad. Ich glaube, ich habe durch diese Übung wieder mehr Freiheit zurückgewonnen.

Arbeitsblatt 15: Planung einer eigenen Konfrontationsübung

Genaue Beschreibung der Übung:

Ort:

Datum und Uhrzeit:

Zu treffende Vorbereitungen:

Mögliche Schwierigkeiten und Strategien, um diese zu überwinden:

aus Vocks & Legenbauer (2005) © Hogrefe, Göttingen

Arbeitsblatt 16: Protokollbogen

Tag	Dauer	Beginn der Übung			Ende der Übung			Bewertung	
		Gedanken	Gefühle	Intensität d. Gefühle 0=gar nicht 10=sehr stark	Gedanken	Gefühle	Intensität d. Gefühle 0=gar nicht 10=sehr stark	gut gelaufen	nicht gut gelaufen

| Tag | Dauer | Beginn der Übung | | Intensität d. Gefühle | Ende der Übung | | Intensität d. Gefühle | Bewertung | |
		Gedanken	Gefühle	0=gar nicht 10=sehr stark	Gedanken	Gefühle	0=gar nicht 10=sehr stark	gut gelaufen	nicht gut gelaufen

aus Vocks & Legenbauer (2005) © Hogrefe, Göttingen

6 Ich liebe ihn, ich liebe ihn nicht ...

Stellen Sie sich einmal vor Ihr Körper ist ein ganz eigenes Wesen, abgespalten von Ihnen selbst. Wenn Sie ihm nun einmal in einem Augenblick der Wahrheit alles an den Kopf werfen könnten, was Sie schon immer an ihm gestört hat bzw. ihm sagen könnten, was Sie schon immer an ihm mochten, was wäre das denn?

Bitte stellen Sie sich diese Situation vor und schreiben Sie einen Brief an ihren Körper. Um dem ganzen Vorhaben etwas Struktur zu geben, haben wir Ihnen einige Fragen als Hilfestellung formuliert und ein Beispiel (siehe Kasten 12) angefügt.

Kasten 12: Beispielbrief

An meinen Körper:

Ich möchte dir einmal dafür danken, dass du all meine Eskapaden so tapfer erträgst, ohne mich im Stich zu lassen. Ich schäme mich dafür, was ich dir antue, dabei funktionierst du immer noch so wunderbar. Morgens, wenn ich aufstehe, fühlst du dich oft so kraftvoll an. Du hast Muskeln entwickelt, auf Grund des harten Trainings, das ich dir immer wieder antue. Die fühlen sich gut an. Eigentlich mag ich dich gerne so, wie du bist. Aber das sind nur kurze Momente, in denen ich das Gefühl der Zuneigung zulassen kann. Oft überkommt mich im selben Moment eine ganz starke Angst, dass, wenn ich dir mehr Spielraum gebe, ich die Kontrolle über dich verliere und dir und deinen Bedürfnissen dann einfach ausgeliefert bin. Dabei sollte ich dir doch vertrauen, denn du bist ich und ich bin du. Wir sind auf ewig aneinander gekettet. Das habe ich jetzt verstanden und ich möchte dir danken, dass du mir noch eine Chance gibst. Deine S.

Vielleicht haben Sie sich in dem Beispiel wieder gefunden, vielleicht sind Ihnen aber auch die verschiedenen Aspekte fremd. Unabhängig davon möchten wir Sie nun bitten, sich zu überlegen, wie Sie persönlich zu Ihrem Körper stehen. Wo lässt er Sie im Stich, was verweigert er Ihnen? Was mögen Sie nicht gerne an ihm? Machen Sie sich aber auch einmal Gedanken darüber, was Sie ohne Ihren Körper wären. Denken Sie darüber nach, wobei er Ihnen hilft, was er Ihnen ermöglicht. Machen Sie sich eine Liste mit Dingen, die Sie Ihrem Körper vorwerfen, wenn Sie ihn als „Feind" betrachten. Wenn Sie diese Fragen für sich sortiert haben, versuchen Sie, den Brief an Ihren Körper zu formulieren. Sie können dafür Kasten 13 „Brief an meinen Körper" nutzen.

Kasten 13: Brief an meinen Körper

Mein ... _____

_____

_____

_____

_____

_____

_____

_____

_____

_____

Wenn Sie diesen Brief geschrieben haben, überlegen Sie sich folgendes:

– Was fällt Ihnen an dem Brief auf?
– Wie leicht fiel Ihnen das Benennen positiver Aspekte?
– Welche Aspekte beinhaltet Ihr Schreiben (Verhaltensweise, Aussehen, Funktionen)?
– Gibt es noch negative Punkte, die Sie in Ihrem Brief schreiben? Schauen Sie sich den Brief noch einmal genau an!
– Wie fühlen Sie sich nach dem Schreiben des Briefes?

Die Übung gibt Ihnen noch einmal die Möglichkeit, neue Wege für einen positiven Zugang zu Ihrem Körper zu finden und sich darüber klar zu werden, dass *Sie Ihr Körper sind.*

6.1 Wer schön sein will ... darf genießen? – Aufbau positiver Aktivitäten

Eine weitere Möglichkeit, positive Seiten am eigenen Körper zu entdecken, ist der Aufbau positiver körperbezogener Aktivitäten, die helfen, das Körperbild „spielerisch" zu verbessern. Dazu möchten wir Sie zunächst zu einer Entspannungsübung einladen.

Im Rahmen der Entspannungsübung möchten wir Sie bitten, sich auf die verschiedenen Körperteile zu konzentrieren und zu versuchen, diese ganz bewusst wahrzunehmen und zu spüren – die „Reise ins ich".

Wir möchten mit Ihnen daher nun ein kleines Experiment machen und Sie zu einer Reise durch Ihren Körper einladen. Im Anschluss an die Reise möchten wir gerne mit Ihnen zusammen herausfinden, was Sie erlebt haben, welche Entdeckungen Sie gemacht haben. Wie gut konnten Sie sich spüren und gab es noch „Orte", die Sie vermeiden? Diese Informationen können nützlich für Sie sein, um weiter an Gedanken und Gefühlen bzgl. dieser Körperstellen zu arbeiten oder auch um weitere Expositionsübungen zu planen. Nutzen Sie diese Übung aber auch, um sich fallen zu lassen, den Körper einmal ohne Bewertung wahrzunehmen und ohne Filter auf sich wirken zu lassen.

Lesen Sie die Anleitung mehrmals in Ruhe durch. Wenn Sie wollen, können Sie diese auch auf eine Kassette sprechen und sich beim Durchführen der Übung von der Kassette führen lassen. Wichtig ist, dass Sie sich Zeit nehmen und darauf achten, was passiert. Wo spüren Sie etwas, wo ist es schwer, etwas wahrzunehmen? Alles ist wichtig, Sie können nichts falsch machen.

Kasten 14: Anleitung zur Übung „Reise ins Ich"

„Lehnen Sie sich zurück, schließen Sie die Augen und konzentrieren Sie sich zunächst auf ihren Atem. Atmen Sie langsam ein und aus, ganz langsam, tief ein und aus ... stellen Sie sich vor, alle Ihre Gedanken sind wie Wolken am Himmel – alle störenden Einflüsse ziehen einfach in diesen Wolken dahin ... atmen sie einfach tief ein und aus ... ein und aus ...
Versuchen Sie, sich nun vorzustellen, Sie lägen auf einer Wiese. Um Sie herum ist Stille, der Wind rauscht in den Bäumen ... Sie sind ganz alleine, liegen direkt im Gras ... Das Gras ist angenehm kühl ... Sie hören die Vögel zwitschern ... und fühlen sich ruhig und tief entspannt ... Sie spüren ... wie Sie schwer werden ... und all das Alltagsgeschehen loslassen ... Sie spüren die Sonne auf der Haut ... im Gesicht ... und an den Armen ... Ihre Hände liegen im Gras ... Versuchen Sie sich vorzustellen, wie sich die Grashalme unter den Handballen anfühlen ... Gibt es einen Unterschied zwischen Handballen und Fingern? ... Wie fühlen sich die Grashalme an, die zwischen Ihren Fingern stecken? ... Wie fühlt sich das Gras unter Ihren Armen an ... kitzelt es Sie? ... Versuchen Sie nun, in die verschiedenen Körperteile hineinzufühlen ... Wo berühren Ihre Arme Ihren Rumpf? ... Können Sie Ihre Muskeln spüren? ... Sind die Arme angespannt oder entspannt? ... Gehen Sie weiter zu Ihren Schultern ... .Stellen Sie sich vor, alle Last des Alltags ist von ihnen genommen ... Spüren Sie das Kitzeln des Grases am Hals ... Wie der Wind durch Ihr Haar weht ... Gehen Sie weiter zu Ihrem Bauch ... Versuchen Sie, Ihren Bauch zu spüren ... Wie fühlt er sich an ... warm ... weich ... angespannt? ... Verweilen Sie einen Moment dort ...Stellen Sie sich vor, wie die Sonne auf Ihren Bauch scheint ... wie Ihre Kleidung auf Ihrem Bauch liegt und vom Wind leicht bewegt wird ... Versuchen Sie in sich hineinzuhorchen ... Was fühlen Sie? ... Wandern Sie weiter zu Ihren Beinen ... Spüren Sie, wie Ihre Beine auf dem Gras liegen? ... Wie fühlt sich das an ... sind Ihre Beine schwer oder leicht ... angespannt oder entspannt ... angewinkelt ... oder gestreckt ... warm oder kalt ... können Sie das Gras spüren? ...

Gehen Sie weiter zu Ihren Füssen ... Können Sie die einzelnen Zehen spüren ... sind die Füße warm oder kalt ... fühlen sie sich unterschiedlich an ... kitzelt Sie das Gras? ... Genießen Sie noch einmal den Moment ... spüren Sie, wie der Wind über Ihren Körper streicht ... Gehen Sie noch einmal zurück ... Versuchen Sie Ihren Körper im Ganzen wahrzunehmen ... Wie fühlt er sich an? ... Achten Sie nun noch einmal auf Ihren Atem, atmen sie ruhig ein und aus ... tief ein und aus ... ein und aus ... Kommen Sie jetzt langsam wieder zurück ... recken und strecken sich ... öffnen die Augen ... "

Bitte tragen Sie danach Ihre Beobachtungen in Kasten 15 „Erfahrungen auf der Reise ins Ich" ein.

Kasten 15: „Erfahrungen auf der Reise ins Ich"

Erinnern Sie sich zurück, wie ist es Ihnen auf der Reise gegangen?

_____
_____
_____
_____
_____.

Welche Entdeckungen haben Sie gemacht?

_____
_____
_____.

War es angenehm, sich zu spüren? Wenn nein, warum nicht?

_____
_____
_____.

Welche Gefühle sind eingetreten?

_____
_____
_____.

Gab es Körperstellen, die Sie nicht spüren konnten?

_____
_____
_____.

Bis hierher haben Sie nun schon einen langen Weg zurückgelegt. Sie haben sich mit Ihrem Körper und der Entwicklung der negativen Einstellungen auseinandergesetzt, herausgefunden, welche Annahmen Ihren Einstellungen zu Grunde liegen und durch verschiedene Übungen einen neuen Zugang zu Ihrem Körper gefunden. Eventuell haben Sie durch die Außenübungen wieder Spaß an bislang vermiedenen Tätigkeiten gefunden, verbringen nun wieder mehr Zeit mit Ihren Freunden oder nehmen alte Hobbies wieder auf. Dies alles sind wichtige Dinge, um ein positives Lebensgefühl zu haben. Wie anfangs beschrieben, hängen Gedanken, Gefühle und die Wahrnehmung des eigenen Körpers eng zusammen und wirken sich auf das Verhalten aus. Unangemessene Verhaltensweisen, die aus Ihrer negativen Einstellung zu Ihrem eigenen Körper entstehen, tragen dann dazu bei, dass das negative Körperbild aufrechterhalten wird. Durch die Außenübungen zum Abbau des körperbezogenen Vermeidungsverhaltens sollte dieser Prozess unterbrochen werden. Ein weiterer Schritt bei der Bekämpfung der aufrechterhaltenden Faktoren ist es daher auch, nicht nur unangemessene Verhaltensweisen abzubauen, sondern sich auch neue, positive Aktivitäten zu suchen und dadurch von den ausgetretenen Wegen abzuweichen und neue positive Erfahrungen mit Ihrem Körper zu machen.

Oft ist das gar nicht so einfach, weil man keine Ideen hat oder nur solche Aktivitäten im Kopf, die eigentlich nicht in Frage kommen. Wir haben daher für Sie eine Liste zusammengestellt, die Ihnen helfen soll, für sich neue Wege zu finden und angenehme und angemessene Aktivitäten auszuführen (vgl. *Arbeitsblatt 17*). Diese Übung könnte Ihnen dabei helfen, sich in Ihrem Körper wohler zu fühlen und ihn als Teil Ihres Lebens zu erleben.

Im ersten der Teil Liste geht es darum, überhaupt erstmal angenehme Tätigkeiten zu finden, die zu Ihnen passen und deren Durchführung Sie sich vorstellen können. In einem zweiten Teil geht es wieder darum, die möglichen positiven Aktivitäten in den Alltag einzuplanen. Bitte sehen Sie sich zunächst die Liste mit angenehmen körperbezogenen Aktivitäten an und kreuzen Sie in den vorgesehenen Feldern an, welche positiven Aktivitäten für Sie in Frage kommen könnten.

Sie haben nun hoffentlich eine Anzahl an positiven Aktivitäten gefunden, die Sie durchführen möchten. Was für einen Sinn das hat und wie nützlich es sein kann, in seinen Alltag positive Aktivitäten zu integrieren, schildert Frau S.

Fallbeispiel Frau S.

Es war ganz komisch, diese Liste zu lesen. Ich hatte ja für mich eigentlich schon sehr erfolgreich verschiedene Sachen wieder angefangen. Zum Beispiel habe ich mich wieder getraut, ins Schwimmbad zu gehen und auch öfters mit Freunden mal wieder wegzugehen. Was mir zunächst gar nicht klar war, ist, dass ich die meiste Zeit außerhalb der Uni nur zu Hause war und mir Gedanken um alle möglichen Sachen gemacht habe. Oft habe ich gegrübelt und häufig ging es dabei auch um meinen Körper, Diäten oder andere Sachen. Eigentlich ist das verlorene Zeit und mir ging es dabei ja auch nicht gut. Dadurch, dass ich mich nun wohler fühle und mir auch wieder einiges zutraue, ist mir oft zu Hause langweilig und ich merke, dass ich gar nicht mehr so viel über meinen Körper nachdenken will. Mit Hilfe der Liste habe ich für mich überlegt, wie ich meine viele unstrukturierte Freizeit besser gestalten kann. Ich habe mir zum Beispiel einen Massageroller gekauft und plane nun freitags nach meinem anstrengendsten Kurs immer ein Bad mit Massage ein. Ich hätte mir nie vorstellen können, dass ich das mal gerne mache, aber es macht richtig Spaß und entspannt mich nach dem anstrengenden Unitag. Dann habe ich mir ein paar Pflanzen für die Wohnung und meinen Balkon gekauft. Die Wohnung sieht damit erstens viel wohnlicher aus und zweitens macht es mir Spaß, mich mit der Pflege der Pflanzen zu beschäftigen. Überhaupt bin ich viel aktiver geworden. Ich besuche einen Gitarrenkurs und oft, wenn ich mich abends langweile, greife ich zur Gitarre und singe. Das mag blöde klingen, aber mir macht es wirklich Spaß und irgendwie ist mein Körper nicht mehr so im Mittelpunkt.

Nachdem Sie nun für sich bereits diese Liste durchgesehen haben und vielleicht ergänzend noch einige Aktivitäten in die Liste aufgenommen haben, überlegen Sie sich bitte, wie Sie welche Aktivitäten in Ihren Wochenplan einbauen möchten. Die Planung ist genauso wie bei Expositionsübungen notwendig, um überhaupt im Alltagsleben die Möglichkeit zu haben, Dinge zu verändern. Bestimmt kennen Sie es auch, dass Sie schon immer gerne ein bestimmtes Hobby beginnen wollten, sich bei der Volkshochschule für einen Sprachkurs anmelden etc. Haben Sie es getan? Nur den wenigsten gelingt es, ohne offensichtliche Veränderungen im Alltag die ausgetretenen Pfade zu verlassen. Meistens kommt etwas dazwischen, was „wichtiger" ist. Daher möchten wir Ihnen auch hier vorschlagen, mit sich einen Vertrag abzuschließen (vgl. *Arbeitsblatt 18*): Sie sind es sich selbst wert, auch mal auszuspannen und sich schöne Dinge zu gönnen.

Das will geplant sein. Bitte tragen Sie in den Vertrag auf der nächsten Seite ein, wann und was Sie an welchen Tagen machen möchten und versprechen Sie es sich sozusagen selbst.

Bei der Planung Ihrer angenehmen Tätigkeiten sollten Sie darauf achten, dass Sie sich ganz gezielt auf die positiven Empfindungen konzentrieren, die eine

Arbeitsblatt 17: Liste angenehmer körperbezogener Tätigkeiten

Tätigkeit	Wie angenehm könnte diese Tätigkeit für Sie sein?					Wenn die Tätigkeit angenehm oder sehr angenehm sein könnte: Könnten Sie die Tätigkeit häufiger ausführen?		
	sehr unangenehm	unangenehm	weder noch	angenehm	sehr angenehm	nein	möglicherweise	ja
☼ Yoga betreiben	-2	-1	0	+1	+2			
☼ Mich waschen	-2	-1	0	+1	+2			
☼ Motorrad fahren	-2	-1	0	+1	+2			
☼ Gut essen	-2	-1	0	+1	+2			
☼ Schöne Kleidung tragen	-2	-1	0	+1	+2			
☼ Federball/Badminton/Squash spielen	-2	-1	0	+1	+2			
☼ Eine Massage erhalten	-2	-1	0	+1	+2			
☼ In ein Fitness-Center gehen	-2	-1	0	+1	+2			
☼ Mich kämmen oder bürsten	-2	-1	0	+1	+2			
☼ Schauspielern	-2	-1	0	+1	+2			
☼ Zur Kosmetikerin gehen	-2	-1	0	+1	+2			
☼ Ein Schläfchen machen	-2	-1	0	+1	+2			
☼ Mich sonnen	-2	-1	0	+1	+2			
☼ Ein Glas guten Wein trinken	-2	-1	0	+1	+2			
☼ Haare stylen	-2	-1	0	+1	+2			
☼ Mich schminken	-2	-1	0	+1	+2			
☼ In einen Vergnügungspark gehen	-2	-1	0	+1	+2			
☼ Rad fahren	-2	-1	0	+1	+2			
☼ Gartenarbeit verrichten	-2	-1	0	+1	+2			
☼ Mit meinem Partner Zeit verbringen	-2	-1	0	+1	+2			
☼ Ein Entspannungstraining machen	-2	-1	0	+1	+2			
☼ Parfüm auftragen	-2	-1	0	+1	+2			
☼ Ein völlig anderes Make-up auftragen	-2	-1	0	+1	+2			

Tätigkeit	Wie angenehm könnte diese Tätigkeit für Sie sein?					Wenn die Tätigkeit angenehm oder sehr angenehm sein könnte: Könnten Sie die Tätigkeit häufiger ausführen?		
	sehr unangenehm	unangenehm	weder noch	angenehm	sehr angenehm	nein	möglicherweise	ja
☀ Singen	-2	-1	0	+1	+2			
☀ Spazieren gehen	-2	-1	0	+1	+2			
☀ Wasserski laufen, surfen, tauchen	-2	-1	0	+1	+2			
☀ Entspannungsmusik hören	-2	-1	0	+1	+2			
☀ Mit Haustieren spielen	-2	-1	0	+1	+2			
☀ Ungeschminkt sein	-2	-1	0	+1	+2			
☀ Faulenzen	-2	-1	0	+1	+2			
☀ Eine eiskalte Dusche nehmen	-2	-1	0	+1	+2			
☀ Mich entspannen	-2	-1	0	+1	+2			
☀ Schöne Dessous tragen	-2	-1	0	+1	+2			
☀ Musik machen	-2	-1	0	+1	+2			
☀ Tischtennis spielen	-2	-1	0	+1	+2			
☀ Segeln/Rudern/Bootfahren	-2	-1	0	+1	+2			
☀ Eine edle Süßigkeit genießen	-2	-1	0	+1	+2			
☀ Barfuss laufen	-2	-1	0	+1	+2			
☀ Zum Friseur gehen	-2	-1	0	+1	+2			
☀ Schmusen	-2	-1	0	+1	+2			
☀ Eine Massagebürste benutzen	-2	-1	0	+1	+2			
☀ Bowlen	-2	-1	0	+1	+2			
☀ Weiche Stoffe tragen	-2	-1	0	+1	+2			
☀ Bequeme Kleidung tragen	-2	-1	0	+1	+2			
☀ Mir die Haare waschen	-2	-1	0	+1	+2			
☀ Wandern	-2	-1	0	+1	+2			
☀ Sexuelle Befriedigung haben	-2	-1	0	+1	+2			
☀ Meditieren	-2	-1	0	+1	+2			
☀ Fußball oder Handball spielen	-2	-1	0	+1	+2			

aus Vocks & Legenbauer (2005) © Hogrefe, Göttingen

bestimmte Aktivität mit sich bringt, wie zum Beispiel das wohlige und ent-
spannte Gefühl am ganzen Körper nach einem Saunabesuch oder das Wahrnehmen der verschiedenen Düfte in der Luft während eines gemütlichen Spa-
ziergangs. Auch gilt es, bei der Planung ganz besonders auf das richtige Maß
der jeweiligen Tätigkeit zu achten, d.h. wie viel Sie tun. Beim Sport wäre
demzufolge ein Zuviel an Zeitinvestition und Ehrgeiz sehr ungünstig, weil
Sie so die angenehmen Empfindungen sehr wahrscheinlich nicht spüren können. Sie sollten also beispielsweise beim Sport darauf achten, eher „genuss-
orientiert" zu trainieren, d.h. nicht aus dem Grund heraus Ihren Körper zu
„formen", sondern sich und dem Körper etwas Gutes zu tun.

Arbeitsblatt 18: „Ich verspreche mir"

Ich _____ (Name, Vorname)

verspreche hiermit, dass ich die von mir an den unten stehenden

Tagen geplanten positiven Aktivitäten durchführen werde.

_____

Ort, Datum   Unterschrift

Tag	Datum	Zeit	Ort	Vorhaben
1				
2				
3				
4				
5				
6				
7				

7 Ende gut, alles gut? …
Rückfällen vorbeugen

Bislang haben Sie eine Menge neuer Dinge über sich und Ihren Körper gelernt. Sie haben sich wahrscheinlich viele Gedanken gemacht und neue Aspekte an sich bemerkt. In den verschiedenen Abschnitten haben Sie sich mit
allen vier Komponenten des Körperbildes (Wahrnehmung, Gedanken, Gefühle und Verhalten) vertraut gemacht und beispielsweise durch Spiegelübungen sich langsam aber sicher mit dem bisherigen „Feind" auseinandergesetzt.

Sie haben durch die verschiedenen Übungen vielleicht ein neues Gefühl für
Ihren Körper entwickelt und durch das Auseinandersetzen mit bisher vermiedenen Situationen neue Erfahrungen gemacht und alte Überzeugungen und
Denkmuster fallen gelassen. Sicher gibt es mehrere solcher Situationen, die
Sie vermieden haben und denen Sie sich jetzt langsam wieder aussetzen. Überprüfen Sie immer wieder, wie es Ihnen dabei geht, neue Gedanken in den
Situationen zuzulassen und die Aufmerksamkeit weg von Ihrem Körper oder
hin zu den positiven Aspekten Ihres Körper zu lenken und für neue Erlebnisse
und Erfahrungen offen zu sein.

Vielleicht macht Ihnen diese Vorstellung Angst, vielleicht sind Sie aber auch
ein bisschen neugierig darauf, sich weiter auszuprobieren. Wichtig ist, dass
Sie sich immer wieder vor Augen führen, dass in jedem Fall weiteres Vermeiden nur dazu führt, dass Ihre alten Überzeugungen bestehen bleiben.

Wir haben dieses Buch mit der Frage „Wer schön sein will, muss leiden?" begonnen. Dabei sollte dieses Buch Ihnen Wege aus dem Schlankheitswahn aufzeigen und wir hoffen, dass die verschiedenen Antworten Ihnen letztendlich
dabei geholfen haben, Ihren Körper zu akzeptieren. Wir hoffen, Sie dahin geführt zu haben, sich und Ihr Selbstwertgefühl unabhängiger von allgemeinen
Vorstellungen über Schönheit werden zu lassen. Die Erfahrungen, die Sie im
Laufe Ihres Lebens gemacht haben, sind nicht ganz so leicht abzuschütteln und
Ihre Ängste mögen Ihnen nach wie vor wie ein kleines Teufelchen auf der Schul-
ter sitzen und Ihnen ins Ohr flüstern. Vielleicht hat das Teufelchen manchmal
Erfolg und es wird Tage geben, an denen Sie sich dick oder wertlos fühlen.

Es ist ganz natürlich, dass es solche Tage gibt. In diesen Momenten ist es
daher gut, für Krisensituationen gewappnet zu sein. Nutzen Sie dieses Buch
und die ausgefüllten Arbeitsblätter. Schauen Sie sich noch einmal an, was Sie
Positives bei Ihren Übungen erlebt haben.

Zum Abschluss möchten wir Sie noch dazu auffordern, eine Liste anzufertigen mit Dingen, die Sie über sich selbst erfahren haben. Natürlich sollten diese Dinge positiv sein, um Sie in schwierigen Momenten zu unterstützen und aufzubauen. Quasi der Fallschirm für Notsituationen.

Benutzen Sie dafür das *Arbeitsblatt 19*. Es ist sicherlich nicht immer einfach, ad hoc darauf zu kommen, was an Ihnen liebenswert und nett ist. Vielleicht fallen Ihnen drei positive Dinge ein, denen aber gleich 10 negative entgegenstehen. Nutzen Sie daher die Unterlagen aus den verschiedenen Kapiteln. Positive Eigenschaften können Fähigkeiten sein, Verhaltensweisen, Charaktereigenschaften, Aussehen, körperliche Attribute, ...

© BZgA

Für die Verhinderung von Rückfällen oder schnelle Hilfe, wenn es Ihnen schlecht geht, ist es wichtig, im Voraus zu planen und sich der möglichen Schwierigkeiten bereits vorher bewusst zu sein. Sozusagen den Fallschirm einzupacken, wenn Sie wissen, Sie werden in ein Flugzeug einsteigen.

Überlegen Sie sich daher im Voraus, ob in Ihrem Alltag (zum Beispiel nächste Woche) Situationen auftreten können, die für Sie schwierig sind. Bereiten Sie sich auf diese Situationen vor. Überprüfen Sie Ihre Ängste. Überlegen Sie, welche Gedanken auftreten, wenn Sie sich die Situation vorstellen und woher diese Gedanken kommen. Versuchen Sie, wie in Kapitel 4 beschrieben, diese Gedanken zu überprüfen und eventuell positive oder neutrale Aspekte der Situation zu finden.

Arbeitsblatt 19: Was ich an mir mag ...

© BZgA

Fallbeispiel Frau K.

Gestern kam ich in so eine Situation, die ich in mein Arbeitsblatt für Rückfallsituationen eingetragen hatte. Mein Freund hat eine kritische Bemerkung über meine Figur gemacht. Ich habe gleich wieder das Gefühl gehabt, dass ich dick und unattraktiv und nicht liebenswert bin. Und alles nur, weil er meinte, dass mir das Kleid nicht gut stehen würde. Ich bin ganz still geworden und hätte mich am liebsten sofort umgezogen. Das ging nicht so einfach, weil wir zum Essen verabredet waren und los mussten. Normalerweise hätte ich den ganzen Abend nichts gesagt und auch nur im Salat rumgestochert. Aber ich habe daran gedacht, dass das jetzt eine „Rückfallsituation" ist und ich mich meinen Ängsten stellen muss. Ich habe mir überlegt, was jetzt wieder automatisch abgelaufen ist – und zwar, der Gedanke, dass mein Freund nicht das Kleid nicht mag, sondern meinen Körper nicht mag. Dafür gab es ja eigentlich keinen Anhaltspunkt. Ich habe mir auf dem Weg zum Restaurant daher das Herz genommen, ihn zu fragen, wie er das mit dem Kleid gemeint hatte. Er war ganz erstaunt und sagte, dass er findet, dass die graue Farbe mich so blass machen würde und er lieber bunte Sachen an mir hätte, weil das auch zu meinem frischen Typ passt. Ich war sehr erleichtert und dachte an mein Arbeitsblatt für Rückfälle, auf dem ich genau für so eine Situation notiert hatte: „Ruhe finden", „sich nicht zurückziehen", „mich jemandem anvertrauen" und „direkt nachfragen".

Machen Sie eine Liste mit diesen schwierigen Situationen und schreiben Sie mögliche Verhaltensweisen zur Lösung und Bewältigung dieser Situationen auf. Bitte nutzen Sie dazu *Arbeitsblatt 20*. Zum Beispiel könnten bisher vermiedene Orte oder Aktivitäten, die Sie eingeübt haben, unter erschwerten Bedingungen auf Sie zukommen (zum Beispiel statt alleine mit Freunden ins Schwimmbad gehen, zu einer Dinner-Party eingeladen sein, ...). Überlegen Sie, wie in Kapitel 4 beschrieben, wie Sie diese Situationen bewältigen können.

Nun müssten Sie für Krisensituationen gut gewappnet sein. Zum Abschluss noch eine kleine Übung, um mögliche Unterschiede zwischen Beginn der Übungen und jetzt deutlicher zu machen:

Kasten 16: Übung „Wunder geschehen immer wieder"

„Stellen Sie sich vor, Sie wachen morgens auf und sind genauso, wie Sie immer sein wollten…(dünn, schön, etc.). Wie fühlen Sie sich? Was tun Sie? Wie verläuft Ihr Tag? Was ziehen Sie an? Wie reagieren die anderen Menschen auf Sie? Wie reagieren Sie auf die anderen Menschen?

Mögliche alternative Verhaltensweisen:

Mögliche alternative Verhaltensweisen:

Mögliche alternative Verhaltensweisen:

Bitte tragen Sie die Beobachtungen, die Sie während der Vorstellungsübung gemacht haben, in Kasten 17 ein:

Kasten 17: Fragen zur Übung „Wunder geschehen immer wieder"

Wie haben Sie sich in Ihrer Vorstellung gefühlt?

_____

_____

_____

Was haben Sie getan?

_____

_____

_____

Wie ist Ihr Tag verlaufen?

_____

_____

_____

Welche Kleidung hatten Sie an?

_____

_____

_____

Wie haben die anderen Menschen auf Sie reagiert?

_____

_____

_____

Was macht den Unterschied zu Ihrem jetzigen Zustand aus? Können Sie sich auch ohne tatsächlich dieses vorgestellte Ideal zu erfüllen so wie in der Vorstellung verhalten? Sind die anderen Menschen wirklich so anders Ihnen gegenüber als sonst? Versuchen Sie einmal, sich einen Tag lang so zu verhalten, wie in Ihrer Idealvorstellung. Erreichen Sie trotz Ihres normalen Aussehens ähnliche Effekte?

Die Übung soll Ihnen noch einmal verdeutlichen, dass Sie all die Dinge tun können, ohne sich dem Schönheitsideal zu unterwerfen.

Noch einige Tipps, wie Sie sich im Alltag gegen Ihr „Teufelchen" immunisie-ren können: Setzen Sie sich zum Beispiel in ein Café und beobachten Sie andere Frauen. Welche gefällt Ihnen, ohne besonders schlank zu sein? Was macht diese Frau attraktiv und anziehend?

Wenn Sie Attraktivität von einem anderen Blickwinkel aus sehen können, dann ist die Beantwortung der obigen Frage nicht mehr so bedeutsam, son-dern es ist wichtig, dass Sie sich bewusst werden, was für ein Mensch in Ih-rem Körper steckt, was dieser Mensch gerne möchte. Entdecken Sie, was Ih-nen Spaß macht, was Sie befriedigt und erfüllt, auch wenn es nicht immer den Erwartungen der anderen entspricht.

Stellen Sie Ihre eigenen Regeln auf, fordern Sie ein, was Sie wollen und sagen Sie klipp und klar, was Sie nicht wollen. Verschaffen Sie sich Erfolgserleb-nisse. Das Leben wird nicht erst nach der nächsten Diät besser! Gewöhnen Sie sich ab, um jeden Preis gefallen zu wollen. Lernen Sie, mit Kritik umzu-gehen, Sie brauchen keine Angst davor zu haben – niemand ist perfekt. Sie werden aus Ihren Fehlern und Schwächen lernen. Nutzen Sie Ihre Energie für Ihre Ziele, nicht für die anderer.

Es ist sicher nicht einfach, gegen alte Gewohnheiten zu verstoßen und zu ver-suchen, sich selbst gewahr zu werden. ABER, Sie werden merken, wenn Sie etwas für sich tun, fühlen Sie sich Schritt für Schritt besser damit.

„Ihr Selbstwert kann nicht durch andere bestätigt werden. Sie sind wert-voll, wenn Sie selbst behaupten, dass es so ist. Von anderen abhängiger Wert ist Fremd-Wert." (Dyer, 1998).

Anhang

Weiterführende Literatur

Gerlinghoff, M., Backmund, H. & Mai, N. (1993). *Magersucht und Bulimie – verstehen und bewältigen*. Weinheim: Beltz Verlag.

Lawrence, M. (1995). *Satt aber hungrig. Frauen und Essstörungen*. Reinbeck: Rowohlt Taschenbuch Verlag.

Leibl, G. & Leibl, C. (1995). *Schneewittchens Apfel. Essstörungen und was sich dagegen tun läßt*. Freiburg: Herder Verlag.

Schönheit und Körper

Drolshagen, E. (1995). *Des Körpers neue Kleider. Die Herstellung weiblicher Schönheit*. Frankfurt: Fischer Verlag.

Wolf, N. (1991). *Mythos Schönheit*. Reinbeck: Rowohlt Verlag.

Selbstbewusstsein/Frauen

Benard, C. & Schlaffer, E. (2000). *Wie aus Mädchen tolle Frauen werden. Selbstbewußtsein jenseits aller Klischees*. München: Heyne Verlag.

Branden, N. (1989). *Ich liebe mich auch. Selbstvertrauen lernen*. Reinbek: Rowohlt Verlag.

Dowling, C. (1992). *Perfekte Frauen. Die Flucht in die Selbstdarstellung*. Frankfurt: Fischer Verlag.

Dyer, W.W. (1998). *Der wunde Punkt*. Reinbeck: Rowohlt Verlag.

Ehrhardt, U. (1994). *Brave Mädchen kommen in den Himmel, böse überall hin. Warum Bravsein uns nicht weiterbringt*. Frankfurt: Fischer Verlag.

Watzlawik, P. (2003). *Anleitung zum Unglücklichsein*. München: Piper Verlag.

Sexualität

Barbach, L. (1997). *For yourself: Die Erfüllung weiblicher Sexualität*. Berlin: Ullstein Verlag.

Zitierte Literatur

American Psychiatric Association (1994). *Diagnostic and statistical manual of mental disorders* (4th ed.). Washington, DC: American Psychiatric Association.

Böse, R. (2002). *Body-Image-Therapie bei Anorexia nervosa. Eine kontrollierte Studie.* Theorie und Forschung, Bd. 751, Psychologie, Bd 231. Regensburg: Roederer Verlag.

Carter, F.A., Bulik, C.M., Lawson, R.H., Sullivan, P.F. & Wilson, J.S. (1996). Effect of mood and food cues on body image in women with bulimia and controls. *International Journal of Eating Disorders, 20(1),* 65-76.

Cash, T.F., & Pruzinsky, T. (2002). *Body Image: A Handbook of Theory, Research, and Clinical Practice.* New York: Guilford Press.

Dilling, H., Mombour, W. & Schmidt. M.H. (2000). *Internationale Klassifikation psychischer Störungen. Klinisch-diagnostische Leitlinien.* Bern: Verlag Huber.

Freedman, R. (1988). *Body love.* New York: Harper & Raw.

Furnham, A., Mistry, D. & McClelland, A. (2004). The influence of age of the face and the waist to hip ratio on judgements of female attractiveness and traits. *Personality and Individual Differences, 36 (5),* 1171-1185.

Garner, D.M., Garfinkel, P.E., Schwartz, D. & Thompson, M. (1980). Cultural expectations of thinness in women. *Psychological Reports, 47,* 483-491.

Henss, R. (2000). Waist-to-hip ratio and attractiveness. Replication and extension, *Personality and Individual Differences, 19 (4),* 479-488.

Jacobi, C., Thiel, A. & Paul, T. (2000). Kognitive Verhaltenstherapie bei Anorexia und Bulimia nervosa. 2. Auflage. Weinheim: Beltz PVU.

Jung, B. (2003). An alle schönen Frauen. http://www.brainjogging.de/classic/montess/montess.htm

Kulbartz-Klatt, Y.J., Florin, I. & Pook, M. (1999). Bulimia nervosa: mood changes do have an impact on body width estimation. *British Journal of Clinicial Psychology, 38 (3),* 279-87.

Pudel, V. & Westenhöfer, J. (1998). *Ernährungspsychologie: Eine Einführung.* Göttingen: Hogrefe Verlag.

Singh, D. (1993). Adaptive Significance of Female Physical Attractiveness: Role of Waist-to-Hip Ratio. *Journal of Personality and Social Psychology, 65 (2),* 293-307.

Tuschen-Caffier, B. & Florin, I. (2002). *Teufelskreis Bulimie. Ein Manual zur psychologischen Therapie.* Göttingen: Hogrefe Verlag.

Tuschen-Caffier, B., Vögele, C., Bracht, S. & Hilbert, A. (2003). Psychological responses to body shape exposure in patients with bulimia nervosa. *Behaviour Research and Therapy, 41,* 573-586.

Vocks, S. & Legenbauer, T. (2005). *Körperbildtherapie bei Anorexia und Bulimia nervosa. Ein kognitiv-verhaltenstherapeutisches Behandlungsmanual.* Göttingen: Hogrefe Verlag.

Wade, T.J. & Cooper, M. (1999). Sex differences in the links between attractiveness, self-esteem and the body. *Personality and Individual Differences, 27,* 1047-1056.

Weiss, L., Katzmann, M. & Wolchik S. (1989). *Bulimie: Ein Behandlungsplan.* Bern: Huber Verlag.

Yates, W.R. (1992). Weight factors in normal weight bulimia nervosa: a controlled familiy study. *International Journal of Eating Disorders, 11 (3),* 227-234.

Internetlinks

1. www.essstoerungen.net

Ein Forschungs- und Informationsserver zur Anorexie und zur Bulimie. Verzeichnis von Beratungsstellen, Selbsthilfegruppen, Vereinen, Therapie- und Forschungseinrichtungen, Telefon- und Online-Beratung, Diskussionsforum für Betroffene und Angehörige, Diplomanden- und Doktorandenforum, Foschungsprojekte und -ergebnisse, Tagungen und Weiterbildungen.

2. www.hungrig-online.de

Die gemeinsame Kommunikationsplattform von magersucht-online.de und bulimie-online.de. Ausführliche Informationen zu Anorexie und Bulimie, umfangreiches Verzeichnis von Selbsthilfegruppen, Beratungsstellen und Kliniken in Deutschland, Österreich und der Schweiz.

3. www.magersucht.de

magersucht.de ist ein gemeinnütziger Verein und ein rein ehrenamtliches Projekt. Hilfe zur Selbsthilfe für Betroffene und Angehörige. Informationen rund um die Krankheit, Austauschplattform für Betroffene.

4. www.essprobleme.de

Informationen, täglich Chat im Forum, Möglichkeit Erfahrungen auszutauschen.

5. www.fz-ess-stoerungen.de

Die Internetseiten des Frankfurter Zentrum für Essstörungen, bietet allgemeine Informationen über Essstörungen und Beratungs- und Therapiemöglichkeiten. Zusätzlich Informationen über Fortbildungsveranstaltungen.

6. www.selbsthilfe.solution.de/cinderella/

Informationen zu verschiedenen Formen von Essstörung, Literaturhinweise und Adressen.

7. www.anad-pathways.de/

Beratung und allgemeine Informationen zu Essstörungen (Magersucht, Bulimie, Fettsucht). Zusätzlich Angebot von Beratung und therapeutisch betreuten Wohngemeinschaften für Menschen mit Essstörungen.

8. **www.ess-stoerungen.net**

    Seite des Mädchenhauses Heidelberg e.V. und des Frauengesundheits-zentrums Heidelberg, Infos über Essstörungen insbesondere für betroffe-ne Mädchen und Frauen, interessierte Eltern, Angehörige und Fachkräfte.

9. **www.oa-deutschland.de**

    Overeaters Anonymous, Austausch von Erfahrung von Betroffenen, die zwanghaft Essen.

10. **www.schlaraffenland-bremen.de**

    Internetprojekt, richtet sich an Betroffene. Im Vordergrund Austausch Be-troffener und Stärkung der Ressourcen; Förderung der Vernetzung ver-schiedener Beratungsangebote auf regionaler Ebene (Bremen, Bremerha-ven und Umfeld).

11. **www.psychologie.ringhofer.com**

    bietet vertiefende Informationen zu den Themen Schönheit und Ess-Stö-rungen sowie Überblick über Anlaufstellen für Hilfesuchende.

12. **www.bundesfachverbandessstoerungen.de**

    Zusammenschluss von Beratungs- und Therapieeinrichtungen in Deutsch-land für ambulante Therapie und Beratung bei Essstörungen.

13. **www.cinderella-rat-bei-esstoerungen.de**

    Fragen zu Essstörungen, Ansprechpartner und Weitervermittlung.

14. **www.heisshunger.net**

    Internetseite einer Selbsthilfegruppe zur Information, Tipps und Hinwei-se, Forum mit Fragemöglichkeit.

15. **www.essfrust.de**

    Präventionsprojekt von www.magersucht.de und Frankfurter Zentrum für Ess-Störungen. Online- und Offline-Beratungsangebote im Bereich Ess-störungen, Aufbau eines Beratungsnetzwerk in Hessen für Betroffene, An-gehörige und Experten.

Größe (m)	BMI 14-20												Normalgewicht:			
	14,0	14,5	15,0	15,5	16,0	16,5	17,0	17,5	18,0	18,5	19,0	19,5	20,0	20,5	21,0	21,5
1,50	31,5	32,6	33,8	34,9	36,0	37,1	38,3	39,4	40,5	41,6	42,8	43,9	45,0	46,1	47,3	48,4
1,51	31,9	33,1	34,2	35,3	36,5	37,6	38,8	39,9	41,0	42,2	43,3	44,5	45,6	46,7	47,9	49,0
1,52	32,3	33,5	34,7	35,8	37,0	38,1	39,3	40,4	41,6	42,7	43,9	45,1	46,2	47,4	48,5	49,7
1,53	32,8	33,9	35,1	36,3	37,5	38,6	39,8	41,0	42,1	43,3	44,5	45,6	46,8	48,0	49,2	50,3
1,54	33,2	34,4	35,6	36,8	37,9	39,1	40,3	41,5	42,7	43,9	45,1	46,2	47,4	48,6	49,8	51,0
1,55	33,6	34,8	36,0	37,2	38,4	39,6	40,8	42,0	43,2	44,4	45,6	46,8	48,1	49,3	50,5	51,7
1,56	34,1	35,3	36,5	37,7	38,9	40,2	41,4	42,6	43,8	45,0	46,2	47,5	48,7	49,9	51,1	52,3
1,57	34,5	35,7	37,0	38,2	39,4	40,7	41,9	43,1	44,4	45,6	46,8	48,1	49,3	50,5	51,8	53,0
1,58	34,9	36,2	37,4	38,7	39,9	41,2	42,4	43,7	44,9	46,2	47,4	48,7	49,9	51,2	52,4	53,7
1,59	35,4	36,7	37,9	39,2	40,4	41,7	43,0	44,2	45,5	46,8	48,0	49,3	50,6	51,8	53,1	54,4
1,60	35,8	37,1	38,4	39,7	41,0	42,2	43,5	44,8	46,1	47,4	48,6	49,9	51,2	52,5	53,8	55,0
1,61	36,3	37,6	38,9	40,2	41,5	42,8	44,1	45,4	46,7	48,0	49,2	50,5	51,8	53,1	54,4	55,7
1,62	36,7	38,1	39,4	40,7	42,0	43,3	44,6	45,9	47,2	48,6	49,9	51,2	52,5	53,8	55,1	56,4
1,63	37,2	38,5	39,9	41,2	42,5	43,8	45,2	46,5	47,8	49,2	50,5	51,8	53,1	54,5	55,8	57,1
1,64	37,7	39,0	40,3	41,7	43,0	44,4	45,7	47,1	48,4	49,8	51,1	52,4	53,8	55,1	56,5	57,8
1,65	38,1	39,5	40,8	42,2	43,6	44,9	46,3	47,6	49,0	50,4	51,7	53,1	54,5	55,8	57,2	58,5
1,66	38,6	40,0	41,3	42,7	44,1	45,5	46,8	48,2	49,6	51,1	52,4	53,7	55,1	56,5	57,9	59,2
1,67	39,0	40,4	41,8	43,2	44,6	46,0	47,4	48,8	50,2	51,6	53,0	54,4	55,8	57,2	58,6	60,0
1,68	39,5	40,9	42,3	43,7	45,2	46,6	48,0	49,4	50,8	52,2	53,6	55,0	56,4	57,9	59,3	60,7
1,69	40,0	41,4	42,8	44,3	45,7	47,1	48,6	50,0	51,4	52,8	54,3	55,7	57,1	58,6	60,0	61,4
1,70	40,5	41,9	43,4	44,8	46,2	47,7	49,1	50,6	52,0	53,5	54,9	56,4	57,8	59,2	60,7	62,1
1,71	40,9	42,4	43,9	45,3	46,8	48,2	49,7	51,2	52,6	54,1	55,6	57,0	58,5	59,9	61,4	62,9
1,72	41,1	42,9	44,4	45,9	47,3	48,8	50,3	51,8	53,3	54,7	56,2	57,7	59,2	60,6	62,1	63,6
1,73	41,9	43,3	44,9	46,4	47,9	49,4	50,9	52,4	53,9	55,4	56,9	58,4	59,9	61,4	62,9	64,3
1,74	42,4	43,9	45,4	46,9	48,4	50,0	51,5	53,0	54,5	56,0	57,5	59,0	60,6	62,1	63,6	65,1
1,75	42,9	44,4	45,9	47,5	49,0	50,5	52,1	53,6	55,1	56,7	58,2	59,7	61,3	62,8	64,3	65,8
1,76	43,4	44,9	46,5	48,0	49,6	51,1	52,7	54,2	55,8	57,3	58,9	60,4	62,0	63,5	65,0	66,6
1,77	43,9	45,4	47,0	48,6	50,1	51,7	53,3	54,8	56,4	58,0	59,5	61,1	62,7	64,2	65,8	67,4
1,78	44,4	45,9	47,5	49,1	50,7	52,3	53,9	55,4	57,0	58,6	60,2	61,8	63,4	65,0	66,5	68,1
1,79	44,9	46,5	48,1	49,7	51,3	52,9	54,5	56,1	57,7	59,3	60,9	62,5	64,1	65,7	67,3	68,9
1,80	45,4	47,0	48,6	50,2	51,8	53,5	55,1	56,7	58,3	59,9	61,6	63,2	64,8	66,4	68,0	69,7
1,81	45,9	47,5	49,1	50,8	52,4	54,1	55,7	57,3	59,0	60,6	62,2	63,9	65,5	67,2	68,8	70,4
1,82	46,4	48,0	49,7	51,3	53,0	54,7	56,3	58,0	59,6	61,3	62,9	64,6	66,2	67,9	69,9	71,2
1,83	46,9	48,6	50,2	51,9	53,6	55,3	56,9	58,6	60,3	62,0	63,6	65,3	67,0	68,7	70,3	72,0
1,84	47,4	49,1	50,8	52,5	54,2	55,9	57,6	59,2	60,9	62,6	64,3	66,0	67,7	69,4	71,1	72,8
1,85	47,9	49,6	51,3	53,0	54,8	56,5	58,2	59,9	61,6	63,3	65,0	66,7	68,5	70,2	71,9	73,6

BMI 20-25						BMI 25-30										
22,0	22,5	23,0	23,5	24,0	24,5	25,0	25,5	26,0	26,5	27,0	27,5	28,0	28,5	29,0	29,5	30,0
49,5	50,6	51,8	52,9	54,0	55,1	56,3	57,4	58,5	59,6	60,8	61,9	63,0	64,1	65,3	66,4	67,5
50,2	51,3	52,4	53,6	54,7	55,9	57,0	58,1	59,3	60,4	61,6	62,7	63,8	65,0	66,1	67,3	68,4
50,8	52,0	53,1	54,3	55,4	56,6	57,8	58,9	60,1	61,2	62,4	63,5	64,7	65,8	67,0	68,2	69,3
51,5	52,7	53,8	55,0	56,2	57,4	58,5	59,7	60,9	62,0	63,2	64,4	65,5	66,7	67,9	69,1	70,2
52,2	53,4	54,5	55,7	56,9	58,1	59,3	60,5	61,7	62,8	64,0	65,2	66,4	67,6	68,8	70,0	71,1
52,9	54,1	55,3	56,5	57,7	58,9	60,1	61,3	62,5	63,7	64,9	66,1	67,3	68,5	69,7	70,9	72,1
53,5	54,8	56,0	57,2	58,4	59,6	60,8	62,1	63,3	64,5	65,7	66,9	68,1	69,4	70,6	71,8	73,0
54,2	55,5	56,7	57,9	59,2	60,4	61,6	62,9	64,1	65,3	66,6	67,8	69,0	70,2	71,5	72,7	73,9
54,9	56,2	57,4	58,7	59,9	61,2	62,4	63,7	64,9	66,2	67,4	68,7	69,9	71,1	72,4	73,6	74,9
55,6	56,9	58,1	59,4	60,7	61,9	63,2	64,5	65,7	67,0	68,3	69,5	70,8	72,1	73,3	74,6	75,8
56,3	57,6	58,9	60,2	61,4	62,7	64,0	65,3	66,6	67,8	69,1	70,4	71,7	73,0	74,2	75,5	76,8
57,0	58,3	59,6	60,9	62,2	63,5	64,8	66,1	67,4	68,7	70,0	71,3	72,6	73,9	75,2	76,5	77,8
57,7	59,0	60,4	61,7	63,0	64,3	65,6	66,9	68,2	69,5	70,9	72,2	73,5	74,8	76,1	77,4	78,7
58,5	59,8	61,1	62,4	63,8	65,1	66,4	67,8	69,1	70,4	71,7	73,1	74,4	75,7	77,1	78,4	79,7
59,2	60,5	61,9	63,2	64,6	65,9	67,2	68,6	69,9	71,3	72,6	74,0	75,3	76,7	78,0	79,3	80,7
59,9	61,3	62,6	64,0	65,3	66,7	68,1	69,4	70,8	72,1	73,5	74,9	76,2	77,6	79,0	80,3	81,7
60,6	62,0	63,4	64,8	66,1	67,5	68,9	70,3	71,6	73,0	74,4	75,8	77,2	78,5	79,9	81,3	82,7
61,4	62,8	64,1	65,5	66,9	68,3	69,7	71,1	72,5	73,9	75,3	76,7	78,1	79,5	80,9	82,3	83,7
62,1	63,5	64,9	66,3	67,7	69,1	70,6	72,0	73,4	74,8	76,2	77,6	79,0	80,4	81,8	83,3	84,7
62,8	64,3	65,7	67,1	68,5	70,0	71,4	72,8	74,3	75,7	77,1	78,5	80,0	81,4	82,8	84,3	85,7
63,6	65,0	66,5	67,9	69,4	70,8	72,3	73,7	75,1	76,6	78,0	79,5	80,9	82,4	83,8	85,3	86,7
64,3	65,8	67,3	68,7	70,2	71,6	73,1	74,6	76,0	77,5	79,0	80,4	81,9	83,3	84,8	86,3	87,7
65,1	66,6	68,0	69,5	71,0	72,5	74,0	75,4	76,9	78,4	79,9	81,4	82,8	84,3	85,8	87,3	88,8
65,8	67,3	68,8	70,3	71,8	73,3	74,8	76,3	77,8	79,3	80,8	82,3	83,8	85,3	86,8	88,3	89,9
66,6	68,1	69,6	71,1	72,7	74,2	75,7	77,2	78,7	80,2	81,7	83,3	84,8	86,3	87,8	89,3	90,8
67,4	68,9	70,4	72,0	73,5	75,0	76,6	78,1	79,6	81,2	82,7	84,2	85,8	87,3	88,8	90,3	91,9
68,1	69,7	71,2	72,8	74,3	75,9	77,4	79,0	80,5	82,1	83,6	85,2	86,7	88,3	89,9	91,4	92,9
68,9	70,5	72,1	73,6	75,2	76,8	78,3	79,9	81,5	83,0	84,6	86,2	87,7	89,3	90,9	92,4	94,0
69,7	71,3	72,9	74,5	76,0	77,6	79,2	80,8	82,4	84,0	85,5	87,1	88,7	90,3	91,9	93,5	95,1
70,5	72,1	73,7	75,3	76,9	78,5	80,1	81,7	83,3	84,9	86,5	88,1	89,7	91,3	92,9	94,5	96,1
71,3	72,9	74,5	76,1	77,8	79,4	81,0	82,6	84,2	85,9	87,5	89,1	90,7	92,3	94,0	95,6	97,2
72,1	73,7	75,4	77,0	78,6	80,3	81,9	83,5	85,2	86,8	88,5	90,1	91,7	93,4	95,0	96,6	98,3
72,9	74,5	76,2	77,8	79,5	81,2	82,8	84,5	86,1	87,8	89,4	91,1	92,7	94,4	96,1	97,7	99,4
73,7	75,4	77,0	78,7	80,4	82,0	83,7	85,4	87,1	88,7	90,4	92,1	93,8	95,4	97,1	98,8	100,5
74,5	76,2	77,9	79,6	81,3	82,9	84,6	86,3	88,0	89,7	91,4	93,1	94,8	96,5	98,2	99,9	101,6
75,3	77,0	78,7	80,4	82,1	83,9	85,6	87,3	89,0	90,7	92,4	94,1	95,8	97,5	99,3	101,0	102,7

Christopher G. Fairburn

Ess-Attacken stoppen

Ein Selbsthilfeprogramm

Aus dem Englischen übersetzt von Irmela Erckenbrecht.
2004. 251 S., 19 Abb., 9 Tab., Kt € 19.95 / CHF 34.90
(ISBN 3-456-84125-6)

Erfolgreich in klinischer Praxis getestet, ist dieses Buch ein wirksamer
Ratgeber für alle, die praktische Hilfestellung bei krankhaften
Essattacken suchen.

Walter Vandereycken / Rolf Meermann

Magersucht und Bulimie

Ein Ratgeber für Betroffene und Ihre Angehörigen

Übersetzt von Matthias Wengenroth.
2., korr. u. erg. Aufl. 2003. 95 S., Abb., Tab., Kt € 13.95 / CHF 23.80
(ISBN 3-456-83945-6)

Dieses Buch hilft dabei das Vorliegen von Ess-Störungen zu erkennen, die
Betroffenen besser zu verstehen und sie gezielt bei der Bewältigung ihrer
Probleme zu unterstützen. Es bietet eine Fülle nützlicher Informationen
für alle, die den Betroffenen auf irgendeine Weise beistehen möchten.

William J. Doherty

Zusammenbleiben

Wie Paare ihre Beziehung retten können in einer Welt, die sie auseinander reißt

Aus dem Englischen übersetzt von Karin Dilling.
2003. 277 S., Kt € 22.95 / CHF 39.80 (ISBN 3-456-84039-X)

Vielfältiger denn je sind sowohl die Gefahren als auch die Chancen für
Ehe- und andere Paare. Doherty, anerkannter Ehe- und Familienthera-
peut, bricht eine Lanze für das Leben zu zweit und in der Familie.
Er zeigt Paaren, worauf sie achten müssen, wenn sie ihre Beziehung
pflegen und beieinander bleiben wollen.

Verlag Hans Huber
Bern Göttingen Toronto Seattle

http://verlag.hanshuber.com